UN PRINTEMPS
POUR SOI

Jeanne Siaud-Facchin

avec Alain Facchin

UN PRINTEMPS POUR SOI

Odile Jacob

15, rue Soufflot, 75005 Paris

www.odilejacob.fr

ISBN : 978-2-7381-5313-5

BALADE SUR LES CHEMINS

Un printemps chez nous… Un printemps a changé nos habitudes de vie. Nous sommes restés chez nous, à nous adapter à cette nouvelle vie, à créer un nouvel environnement. Nous avons vécu, de façon incroyablement inédite, une réelle vie intérieure. Une vie confinée. Les confins ? Ce sont les limites, les frontières, celles qui nous protègent. Même d'un ennemi invisible. Impalpable. Sans forme, sans contour. Mais un ennemi puissant qui a immobilisé l'humanité. Pour une prise de conscience ? Pour que le monde évolue ? Pour que la planète respire de nouveau ? Pour que tous les responsables politiques prennent la mesure des forces en présence dans nos pays : des soignants aux camionneurs, des personnels d'entretien aux chefs d'entreprise, des femmes battues aux enfants isolés, des libraires aux livreurs, des agriculteurs aux ouvriers… Toutes ces personnes dans nos vies quotidiennes, parfois muettes, dont la présence a été essentielle, vitale, pendant ce temps du printemps.

Faire émerger toutes les vies, toute la puissance de la vie. Une vie qui ne peut exister que dans la communauté, le lien, la force du groupe. Les études, toutes les études, le valident depuis longtemps : sentir que l'on est relié, savoir que l'on peut compter sur un autre, sur les autres, nous permet de vivre plus vieux, plus heureux, en bonne santé physique et psychologique.

Ce lien, nous l'avons tant senti dans nos corps, au fond de nos êtres, pendant ce temps des cerises. La nature a continué à fleurir, à s'épanouir, dehors. Les arbres, les fleurs, les fruits, les récoltes ont vécu leur saison pleinement. Nous l'avons vécu intérieurement, plus près de nous. Une vie intérieure au double sens du terme. Une découverte pour certains, un approfondissement pour d'autres ; une inquiétude pour les uns, un bonheur pour les autres. La vie intérieure est tellement plus vaste et plus profonde que celle que nous vivons à l'extérieur de nous-même. Nous la connaissons si peu. Nous en avons parfois l'intuition, nous la touchons du doigt, du cœur plutôt, et elle s'évanouit dans l'écume de nos jours. C'est un voyage peu ordinaire que de s'aventurer sur les chemins de son cœur. Une aventure courageuse. Nous ignorons tant de ce que nous allons rencontrer. Qui sera le loup qui menacera de nous manger ? Nos manquements, nos doutes, nos égarements, nos peurs…

La vie intérieure est un immense jardin aux fleurs somptueuses et aux buissons ardents, avec des puits d'eau claire et des marécages boueux, une lumière éblouissante et l'ombre de nous-même… Ce voyage, c'est le voyage d'une vie, peut-être le seul vrai voyage de la vie. Un voyage infini, sans limite, sans confins…

Être enfermé, privé de l'extérieur nous a offert cette échappée – belle ? – dans un voyage sans carte, sans GPS, sans guide. Nous sommes nos propres guides. Notre territoire intérieur est notre carte, notre corps notre GPS. C'est vers cette découverte que nous avons choisi de vous accompagner. « Le plus grand voyage de découverte ne consiste pas à découvrir de nouveaux paysages mais à changer de regard. » Ainsi parlait Marcel Proust. Découvrir d'autres parts de soi, faire un pas de côté pour laisser émerger ce qui existe en soi mais dont nous ignorons tout. Regarder avec curiosité ce qui peut se déployer dans mon corps, dans mon cœur, qui jusqu'alors m'avait échappé. Sentir un frémissement de joie là où je ne percevais qu'un gouffre sans fond, repérer mes ressources cachées, me relier à ma puissance d'être. Vivre pleinement ma présence à moi-même, à la vie, aux autres, au monde… Oui, oui, merci la vie intérieure. Oui, oui, en moi tout est permis. Oui, oui, je peux dire merci à qui je suis.

Tous les soirs, chaque soir de ce printemps chez soi, nous avons proposé une méditation en direct. Une grande communauté s'est rassemblée. Pour méditer. Ensemble. Reliés. Les uns avec les autres.

Nous avons choisi de retranscrire les textes de chacune de ces méditations, illustrées des images que nous avons proposées chaque jour. Comme un livre d'histoires pour grands. Avec des images. Des images ressources pour s'inspirer, pour retrouver ses chemins intérieurs. Pour rêver. Pour vibrer. Des textes qui emmènent dans des univers secrets, cachés, sacrés. Ces univers au centre de nous-même. Là où nous seuls pouvons pénétrer. Et des phrases de signatures qui zèbrent le cœur. Pour laisser des traces. Des bulles de clarté. Des élans de légèreté. Des frottements d'âmes.

Dans ce livre, pas d'audio, réenregistrer les méditations en studio aurait fait perdre la spontanéité de ces moments vécus. Mais voici les textes. Les cinquante-cinq textes. Un chaque jour. C'est notre cadeau. Notre cadeau de ce printemps chez soi. Pour soi.

Méditer

Méditer est une expérience. Une expérience de soi. Une expérience de la vie en soi. Une expérience de la vie.

Méditer, c'est se relier, à ce qui est là, en nous, autour de nous.

Méditer, c'est être attentif, à ce qui se déroule, dans nos corps, dans nos cœurs, dans nos têtes.

Méditer, c'est ouvrir, ouvrir toute son attention, toute sa conscience pour être en contact avec ce qui est, avec ce qui vit, avec ce que l'on est.

Méditer, c'est communier avec soi-même, avec le cœur de notre humanité, avec l'âme du monde.

Méditer, c'est très simple, sur la forme, très complexe, sur le fond.

Méditer n'est pas un acte religieux, ce n'est pas non plus adhérer à un courant spirituel. Pas cette méditation-là, la méditation laïque, contemporaine, occidentale.

Le voyage immobile

Pendant ces cinquante-cinq jours de confinement, nous sommes restés chez nous, presque. Nous n'avions plus de vie extérieure, seulement une vie intérieure. Les mots sont joueurs. Une vie intérieure. Notre vie intérieure. Méditer nous a permis de l'explorer, de la découvrir parfois, de se laisser surprendre, de s'en étonner, de s'en émerveiller. La vie intérieure existe, nous pouvons la rencontrer, nous pouvons l'expérimenter. C'est le voyage de la méditation. Parcourir nos chemins. Se confronter à nos impasses. Ouvrir de nouvelles voies. S'aventurer sur des sentiers inconnus. S'étonner de découvertes inattendues. Se réjouir de mille merveilles ignorées, révélées. Parfois sous un soleil de plomb, ou un soleil qui caresse, parfois sous une pluie torrentielle ou sous des gouttelettes de perle, parfois sous des nuages noirs qui pèsent sur nos têtes, un orage menaçant, un vent violent qui fait tout trembler, ou une brise légère qui nous donne des ailes. Notre voyage intérieur. L'art du voyage immobile.

Des mots et des images

Chaque jour nous avons proposé une méditation. Un moment. Une parenthèse. Une méditation inédite. Juste inspirée par l'esprit du temps. Ce temps qui est là lorsqu'on ferme les yeux. Ce temps qui traverse le cœur et dicte ses mots. Les mots qui évoquent, qui se condensent dans une image. Une image ressource. L'image ressource est celle à laquelle nous pouvons revenir. Celle qui sera associée intimement au moment vécu, aux émotions ressenties, à la sensation éprouvée. Une image qui fera vibrer toutes nos cellules. Dans le cerveau, une synchronisation se crée. Chimiquement. Biologiquement. Neurologiquement. L'image se pare alors de pouvoirs quasi magiques. Regarder l'image, c'est remettre son corps en symbiose, c'est déclencher un état où toutes les perceptions éprouvées lors de la méditation sont de nouveau évoquées. Une image qui fait du bien.

Une image qui guérit ? Peut-être. Si, et seulement si, nous la regardons avec le corps tout entier, en intimité avec notre expérience du moment vécu pendant la méditation. Ou pendant la lecture engagée du texte. C'est l'association qui fait le larron… C'est l'association qui crée l'émotion !

Ouvrir son cœur

Cela peut sembler si banal. Ouvrir ses bras, ouvrir son cœur, ouvrir son amour… ouvrir sa maison, ses volets, sa porte… Pourtant, ouvrir son cœur comporte un immense mystère, propose une intention si profonde qu'elle peut en devenir vertigineuse. Et nous faire si peur. Ouvrir son cœur, c'est physique. C'est enlever toute protection. C'est accepter d'être touché. Touché et donc parfois coulé. Être touché au cœur peut être mortel, au sens propre comme au sens figuré. Le cœur est le berceau de notre vulnérabilité, celle dont nous avons si peur car nous l'associons trop souvent à de la faiblesse. Une faiblesse qui nous enlève toute protection et nous met à la merci de la moindre aspérité de la vie et surtout de la plus petite des attaques de l'autre. Alors nous protégeons notre cœur de toute intrusion, par peur de souffrir, et nous le fermons. Nous le fermons hermétiquement, souvent. Trop souvent. Et, en utilisant une clef secrète, nous l'entrouvrons sur ordonnance, quand nous le décidons, pour un amour, pour un enfant, pour une cause. En restant aux aguets. Peur de la trahison. Peur de la déception. Peur de l'abandon. Nous sommes prêts à chaque instant à reverrouiller. À chaque blessure, nous donnons un tour de clef plus serré, la clef de notre prison intérieure. Un cœur fermé est une vie en cage. Nos peurs, nos pensées, nos constructions du mental en sont les barreaux. Pourtant nous détestons être privés de liberté. Ainsi se vit le paradoxe du cœur.

Ouvrir son cœur est courageux. Ouvrir son cœur, c'est accepter d'aimer sans condition. D'être aimé sans négociation. D'aimer ce que l'on est. D'aimer ce que sont les autres. D'aimer la vie qui palpite en soi. D'aimer la vie qui fait battre le cœur du monde. Aimer est notre délivrance. L'amour peut tout, guérit tout, car sa puissance englobe tout ce qui vit. Aimer, c'est ouvrir grand, très grand, si grand, notre part d'humanité. Aimer déclenche dans nos corps un feu d'artifice biologique qui nous transporte au-delà des rêves. Des rêves bleus. Lavés des bleus à l'âme. Un déferlement hormonal qui met notre corps, notre cerveau, nos émotions, dans un état d'être qui vitalise tous les méandres physiques, psychologiques, de nos vies. L'amour nous donne des ailes. « En vrai de vrai » comme disent les enfants. Aimer renforce même notre système immunitaire. Prouvé et validé par la science, la science d'aujourd'hui. Aimer, aimer encore et encore, et tout devient possible. Ouvrir son cœur, c'est embrasser le monde. C'est dire oui à la vie. Toute la vie.

L'image ressource

Les images… Les livres d'images… Fermons les yeux. Souvenons-nous. Ressentons ces frissons que nous pouvions éprouver, lorsque, enfants, se profilait l'heure du livre. Nous écoutions les mots, que nous ne savions pas encore très bien lire, mais surtout, nous partions loin, très loin, dans notre cœur, dans notre imagination, dans nos rêves à travers les images de ces livres d'enfants. Fermons les yeux. Vous vous souvenez ? On a tous dans le cœur des images pas tout à fait oubliées… Elles sont gravées parce que notre mémoire émotionnelle les a capturées et qu'elle n'est pas près de les effacer ! Elles sont gravées, car les images ouvrent un monde infini où tout peut se déployer. Elles sont gravées, car elles sont les portes de notre monde secret, celui qui nous est réservé. Vous voyez ? Vous ressentez ?

Aujourd'hui, on sait beaucoup plus de choses sur le pouvoir des images, ou plus exactement sur le pouvoir du beau. Le beau nous fait vibrer, au sens propre. Il met en activité des réseaux de neurones qui vont stimuler les aires du cerveau qui sécrètent ces fameuses hormones qui nous apaisent, nous mettent en sécurité, nous enchantent les sens et le cœur. Voici l'ocytocine, l'hormone du lien, de l'attachement, du sentiment affectif de sécurité, la sérotonine qui nous apaise, et les endorphines qui stimulent notre « joie d'être ». Le pouvoir du beau. Le pouvoir physiologique, neurophysiologie, neurologique, du beau… Quand la science contemporaine confirme une évidence de toujours, alors, tout est bien. Tout va bien. Tout est cohérent.

L'image ressource a aussi une incroyable vertu. Incroyable, je vous assure. Associer une image avec un ressenti profond que l'on éprouve sur l'instant, plonger avec tous ses sens dans cette image, s'imprégner de toutes les sensations, de toutes les émotions, de tous les frissons, que nous évoque cette fusion sensorielle avec l'image, alors l'inscription se fait au plus profond des cellules de notre corps, de notre cœur, de notre cerveau ! Nous nous sommes synchronisés. Il suffira ensuite de regarder cette image ressource, même furtivement, pour que le cerveau retrouve automatiquement les chemins sensoriels et nous fasse ressentir ce bouquet de sensations et d'émotions initialement activées. C'est cela le pouvoir de l'image ressource, le pouvoir très puissant. Comme lorsque Mary Poppins saute dans le dessin dessiné à la craie sur le trottoir et se retrouve dans un monde enchanté. Associer une méditation à une image ressource, c'est s'offrir ce cadeau précieux d'un « doudou » qui nous relie à un état d'être, de sérénité gravée au plus profond de nous. La force de l'image ressource… Tourner les pages du livre et ressentir, encore et encore… juste en regardant. La magie opère. La magie, la vraie.

Derrière le miroir…

Se parler à soi tout en parlant à quelques centaines d'autres… Se connecter à la présence alors que vibre l'absence. Une expérience où tout se joue à l'intérieur, pour tout le monde. Méditer ensemble, chacun chez soi, chacun pour soi, chacun avec soi. Se sentir réunis, alors que nous sommes spatialement éloignés.

Un livre est aussi cet « objet transitionnel », nous sommes reliés par les mots, par le vécu de l'instant, par les sensations du moment. Lire un texte, c'est rendre présent ce qui se situe dans deux temporalités. Le temps de l'écriture, le temps de la lecture. Magie des mots qui créent un univers intemporel où tout se joue au présent, à l'unisson. Nous sommes ensemble. Un miroir sans tain… Ensemble, c'est tout.

S'asseoir pour méditer ? Vraiment ?

S'asseoir… C'est souvent la seule consigne. S'asseoir. Fermer les yeux. Et rien. « Assieds-toi, reste en silence et apaise tes pensées », disent les Pères du désert. Et beaucoup d'autres. Les plus religieux des méditants, les plus laïques. La méditation que nous pratiquons est cette forme de méditation contemporaine, détachée de tout courant spirituel ou religieux. Une méditation qui vise l'expérience du corps pour apaiser l'esprit. Cette méditation que les Anglo-Saxons nomment *mindfulness*, que l'on a traduit par « pleine conscience » et qui est plutôt de la pleine présence. C'est vraiment le cœur de cette forme de méditation. Être présent. Présent à tout ce que nous vivons dans l'instant, quoi que ce soit. Observer. Et laisser s'exprimer ce que notre corps, notre cœur, notre esprit nous permettent, enfin, de voir, de saisir, d'observer… et de choisir. Choisir de laisser passer, de garder, de transformer. La méditation nous rend notre liberté.

Assis ? Oui, le plus souvent, pour que le corps soit posé, disponible à l'expérience. Il n'y a pas de règles absolues. Chacun s'assoit comme c'est bien pour lui : sur une chaise, sur un banc, le rebord d'un lit ou d'un canapé. Certains choisiront une posture plus exotique, moins courante sous nos latitudes, la position du demi-lotus, sur un coussin, que l'on appelle alors *zafu*, par terre, ou en tailleur. L'important est de ne pas être avachi. De sentir son dos droit, mais pas raide. Laisser la colonne vertébrale s'élever doucement vers le haut, car cette posture physique favorise une posture mentale : s'ouvrir. S'ouvrir à ce que l'on vit. Se sentir présent. Recroquevillé, on se replie sur soi et on se ferme au monde. Quand on adapte une posture digne, digne de soi, la tête est dans l'alignement de tout le corps, on capte tout ce qui passe en nous, autour de nous. La position du corps ne peut être étrangère à ce qu'il vit… Bien sûr, on peut aussi choisir la position allongée sur le dos. Attention à l'endormissement ! Mais c'est aussi une belle expérience. Ou debout d'ailleurs, même en marchant. Là, c'est une autre étape. La pleine conscience en mouvement nous ouvre à un nouveau champ des possibles. Fascinant. Même manger, peut se faire avec cette qualité de conscience. Les aliments semblent alors avoir subi une transformation inédite. À tester !

S'asseoir, c'est se poser. Je m'assieds. Je respire. Je ressens. Je vis l'expérience du moment.

LA TOUTE, TOUTE, PREMIÈRE FOIS

Le soir même ! Le soir où l'heure du confinement a sonné. Comme la sortie des classes, mais à l'envers. Rentrez chez vous ! Nous avons tout abandonné sur place et nous avons filé... nous calfeutrer, nous enfermer. Sans bien savoir ce qui allait se passer. Sans bien comprendre. Sans repères. Ils viendront, petit à petit, embrouillés, contradictoires, effrayants, apaisants, c'est selon... Mais, nous avons été des millions, des milliards à rester derrière nos fenêtres à regarder par la vitre le monde du dehors. Le monde entier est confiné... Quel incroyable mot ! Un mot qui donne la sensation d'une vieillerie sortie d'un grenier poussiéreux... Qui l'employait avant ce printemps insensé ? Maintenant, il est dans toutes les bouches, dans toutes les conversations. Le confinement, c'est notre guerre à nous, celle de notre génération. Il ne manquait plus que le couvre-feu et on y était !

D'ailleurs, la rumeur grondait. Le couvre-feu serait proclamé. À 18 heures, tout le monde devrait être rentré. C'est ce qui m'a décidée à proposer cet horaire-là, 18 h 30. Une heure de transition pour ceux qui devaient quand même sortir, l'heure qui marquait la séparation entre le dedans et le dehors. J'ai suivi mon intuition, il fallait, je devais, proposer des moments de pause, des moments ensemble, des moments pour soi. Ce premier soir, à cette heure-là et jusqu'au dernier jour. Ce premier soir, la perspective du jour de la fin n'existait pas. C'était comme se lancer dans une aventure sans savoir quand elle s'arrêterait. Une sensation à la fois étrange… et douce.

Alors, ce soir-là, le premier soir, la toute, toute, première fois, voilà ce que j'ai dit, voilà ce qui me semblait important de partager, sur la période, mais aussi comme introduction à cette pratique de présence, de méditation de pleine conscience : les bases générales, celles qui seront, d'une façon ou d'une autre, les premiers mots en début de chaque séance. J'étais émue :

Merci beaucoup d'être là. J'avais très envie de vous proposer ce moment, ensemble. Ce moment, dans ce monde, dans cette agitation un peu particulière que nous traversons. On est considérablement bousculés dans nos têtes, dans nos cœurs. Peut-être aussi dans notre corps même si on est contraints à l'immobilité. On peut aussi avoir tendance à se surinformer en permanence, à rester branchés, et en être ébranlés, troublés.

C'est au milieu de ce brouhaha, qu'il m'a semblé vraiment essentiel que nous soyons ensemble, avec tous ceux que je connais si bien et ceux que j'aime si fort, avec tous ceux qui nous ont rejoints. Ça me réchauffe considérablement le cœur parce que soudain, on est tous ensemble. Et que nous pouvons tous le ressentir, le constater, nous remercier.

Vous n'avez peut-être jamais eu cette possibilité de faire une séance de pleine conscience, alors surtout restez comme vous être parce que c'est comme vous êtes que vous êtes celui que vous êtes. Vous pouvez rester assis, là où vous avez choisi, ce soir, de suivre cette séance, sans essayer de vous mettre dans une position particulière. Simplement mettre les pieds à plat sur le sol, poser vos mains sur les cuisses, les paumes en contact ou tournées vers le ciel, comme c'est confortable pour vous.

Ensuite, on peut simplement faire attention à avoir le dos décollé du dossier de son siège. Se sentir droit, sans être tendu. Se sentir dans une position à la fois stable et élevée. Une posture qui favorise les échanges physiologiques, entre le bas et le haut du corps, ou l'inverse. Comme vous voulez ! C'est aussi ce qui facilite notre lien au corps, à tout le corps, à tout ce qui s'y joue et qui nous échappe le plus souvent.

Pour notre première séance, j'ai envie de vous dire quelques mots sur ce que nous vivons, sur ce que nous allons vivre, dans les semaines qui viennent et dont nous ne savons rien. On est perdus, perdus à l'extérieur de nous, perdus dans tout ce tumulte. On est perdus parce que nous n'avons aucun repère pour penser ce que nous sommes en train de vivre. On est bien sûr contraints, au sens propre du terme, d'être dans des limites d'espace, de rester chez soi, comme il nous l'a été demandé, mais à l'extérieur tout ce qui se joue nous est quasiment inaccessible. Nous avons entendu les directives, les explications, les rationalisations. Mais une part de nous ne comprend pas, ne peut pas comprendre, ne peut pas savoir, ne peut rien anticiper. On ne sait pas ce qui va réellement se passer, quels dangers nous allons traverser, combien de temps cette situation va durer, comment ça va se terminer. Là, maintenant, nous pouvons simplement observer combien tout ça nous agite, combien, pour certains de nous, ça nous inquiète, combien ça peut faire émerger de peurs, de sensations très inhabituelles. Nous n'avons jamais eu l'occasion d'éprouver, ce que nous éprouvons. Alors, simplement, maintenant, je vais vous inviter à prendre le temps d'ajuster votre posture, peut-être à bouger un petit peu pour être installés de la façon la plus stable et la plus confortable possible. Comme c'est bien pour vous.

Ceux qui le souhaitent pourront doucement fermer les yeux. Moi, je vais le faire, parce que c'est ma façon de pratiquer, les yeux fermés. Ainsi, au sens propre du terme, je vais vous perdre de vue et j'aurai les yeux fermés pour vous accompagner dans ce moment que nous allons nous consacrer, dans ce moment où nous allons nous relier à ce que nous sommes et à ce que nous sommes en train de vivre.

Pleinement en contact avec l'expérience, celle qui s'offre à nous, juste là, juste maintenant, qui que nous soyons, où que nous nous trouvions, quels que soient notre histoire, notre parcours. Que nous fassions cette expérience pour la première fois ou que nous ayons une pratique de méditation plus entraînée. Essayons, chacun pour soi, d'observer ce qu'il se passe là, à l'intérieur de nous.

Qu'est-ce que je peux ressentir de mon état d'être ? Quelles sont mes pensées ? Est-ce que, comme souvent, mes pensées vont et viennent à vive allure ? Sont-elles accompagnées d'une sorte de dialogue intérieur, de voix off*, de commentaires sur ce qui se passe, sur cette période ? Ou sur ce que nous sommes en train de vivre tous ensemble ? Sommes-nous en train de nous poser des questions en boucle sur cette pratique : « Pourquoi ? À quoi ça sert ? À quoi ça pourrait me servir ? Est-ce que je vais continuer ? » Peut-être aussi des pensées liées à ce que nous avons fait aujourd'hui ou hier ou les jours d'avant. Peut-être des pensées autour de demain, des jours qui viennent, de cet inconnu qui s'offre à nous, qui se déploie devant nous. Et lorsque j'observe la présence de ces pensées, qu'est-ce que cela produit dans mon corps ? Qu'est-ce que je peux ressentir ? Quelles sont les émotions que j'éprouve, là, en cet instant ? Quelles sont les émotions qui s'agitent, qui se déploient,* *qui peut-être s'enchaînent les unes les autres, se mélangent, s'entremêlent ? Est-ce que j'en reconnais certaines ? La peur, la tristesse, la colère, l'inquiétude, ou une certaine forme de curiosité ou même de joie, de se sentir chez soi, avec ceux que l'on aime même si s'y associe là encore une forme d'appréhension ? Quelles sont mes émotions en cet instant ? Et là encore qu'est-ce que ça peut faire émerger dans mon corps comme sensation ? Existe-t-il un brouhaha à l'intérieur de moi comme il existe un brouhaha d'informations qui se succèdent à l'extérieur ? Est-ce que je retrouve, en moi, les échos de cette agitation ?*

Nous ouvrir pleinement à tout ce qui se passe à l'intérieur de nous. Ne pas lutter, ne pas nous dire qu'il ne faudrait pas avoir peur, qu'il ne faudrait pas être triste, qu'il ne faudrait pas être en colère. Nous le sommes, nous sommes juste humains. Nous éprouvons, nous pensons, c'est normal. Laissons-nous encore un instant pour ressentir ce qu'il se passe en nous, quoi que ce soit. Laissons à l'intérieur de nous ce que nous pensons, ce que nous éprouvons. Restons en contact, acceptons, faisons de la place à ce qui s'y déploie. Juste là. Maintenant. Instant après instant.

Mon souffle, le contact avec mon souffle, grave son rythme, son tempo, son calme, sa tiédeur, sa fraîcheur, au creux de mon corps. Suivre le va-et-vient de mon souffle m'ancre dans l'instant présent. Celui qui est là. Celui que je vis.

Voilà, c'est comme ça que commence une invitation à un moment de méditation : se relier à tout ce qui vit en nous, doucement, pour le moment que l'on s'offre. Sentir, ressentir, encore et encore. C'est tout. C'est beaucoup.

#J1

MON ESPACE INTÉRIEUR, ESPACE DE VIE

Là, dans cet instant qui s'ouvre à moi, je m'installe avec tout mon corps, tout mon cœur. Je me pose. Je pose mon mental, mes pensées, mes émotions. Je me mets sur pause, je m'accorde cette parenthèse, je me pose dans cet espace. Il est à moi.

Nous pouvons nous asseoir, au bord de notre agitation intérieure, de notre flux de pensées, de nos émotions. Depuis notre vacarme bruyant, ou muet, nous n'entendons pas toujours ce tumulte qui nous habite. Le bruit de notre vie intérieure.

Là, tranquillement, je peux m'installer, comme sur les berges d'un fleuve. Un fleuve tumultueux. Un fleuve qui gronde quand les rochers entravent sa course. Un fleuve dont les flots bruissent à mes oreilles, me racontent une histoire à laquelle je ne comprends pas tout. Cette histoire qui se déploie instant après instant dans mon corps, dans ma tête, dans mon cœur. Mon histoire, ma vie, avec son agitation, ses plages plus paisibles, ses tourbillons, ses grondements, ses reflets qui brillent… Le fleuve de ma vie…

Assis là, tranquillement, je peux tout observer : le fleuve majestueux avec sa force, sa puissance, ce flot incessant, ses murmures ou ses bruits assourdissants. Le bruit du monde, le bruit de nos peurs. Le bruit de nos émotions emmêlées, de nos pensées échevelées, de nos questionnements incessants… Nous sommes assis, là. Nous pouvons seulement observer la vie de ce fleuve, tout ce qu'il charrie, tout ce qui flotte à sa surface… Nous n'allons pas entraver son flot, tenter de nous mettre au milieu, jambes plantées dans le fond, bras grands ouverts, avec l'idée un peu folle de tout bloquer, de lutter contre la force de l'eau. Nous sommes attentifs à ne pas nous laisser entraîner par les flots, par le flux. Ne pas nous laisser emporter.

Je suis là, juste assis là, sur la berge. Je le sens. J'observe le mouvement, les reflets, l'agitation. J'entends les sons, le grondement de l'eau. Je peux tout sentir dans mon corps, dans mon assise. Observer ce qui se passe à l'intérieur de moi. Le percevoir dans tous les replis de mon corps. Le ressentir dans tous les recoins de mon cœur. Laisser doucement s'éloigner le bruit de mon mental. Entendre seulement ma vie qui est et dans laquelle je suis. Pleinement. Dans ce moment. Dans cet instant.

Et, pour amplifier encore et encore mon attention, la stabilité à l'intérieur de moi, je peux me relier à mon souffle. Sans rien changer, surtout rien. Ne rien analyser, ne rien modifier, juste sentir l'air qui entre, l'air qui sort aux endroits les plus accessibles, les plus perceptibles pour moi : dans mes narines, dans ma poitrine, dans mon ventre. J'inspire, je sens que j'inspire. J'expire, je ressens que j'expire et je sais que dix fois, vingt fois, cent fois, mille fois peut-être, mes pensées, mes émotions vont m'emmener ailleurs, que mon esprit va partir vagabonder.

C'est normal. Au moment où j'en prends conscience, je suis en pleine conscience et je peux revenir doucement, gentiment vers les sensations de mon corps, vers les sensations de ma respiration, sans me juger. M'accorder ce temps, laisser être ce qui est, m'ouvrir à cette expérience, cette expérience de l'instant.

Je peux trouver cet espace à l'intérieur de moi pour me poser. Un espace dégagé. Un espace comme une clairière au cœur d'une forêt. Une clairière où je peux m'asseoir sur une souche d'arbre. Dans un éclat de soleil. Si dense la forêt soit-elle, si entremêlées soient ses branches, si sombres ses chemins, je peux m'asseoir, là, au milieu de cet espace ouvert. Cette clairière au centre, au creux de moi-même. Ma clairière, mon espace. Bien sûr, mes pensées, mes émotions existent. Comme la forêt. Toujours là. Bien sûr, le brouhaha du monde extérieur existe. Comme tous les bruissements de la forêt, parfois inquiétants, parfois rassurants.

Assis là, au soleil, je peux me tourner, me retourner, la forêt est plus loin.

Assis là, j'inspire, j'ouvre le mieux que je peux cet espace à l'intérieur de moi. J'expire pour le contacter de façon de plus en plus profonde, cet espace toujours là, disponible, cet espace de clarté, cet espace qui m'appartient. Cet espace de liberté.

Assis là, peut-être puis-je sentir le soleil qui me réchauffe doucement, la lumière, le vent léger qui fait bouger les brins d'herbe autour de moi et ma force, ma stabilité, mon ancrage ?

Assis, profondément relié aux racines de cet arbre, ancré, ma tête vers le ciel, aligné. Je sais que je reviendrai encore et encore aux sensations que j'éprouve dès que je m'échappe. Gentiment, vraiment gentiment, sans me juger. Il est normal de s'échapper. Notre cerveau est construit comme ça.

Tout va bien, je reviens aux sensations de mon corps : mes pieds, mes cuisses, la pression de mes fesses. Assis là. Mon dos, ma nuque, mon cou, ma tête, le sommet de mon crâne, mes bras, où qu'ils se trouvent. Tout vit en moi en cet instant.

J'inspire, je sens que j'inspire. J'expire, je ressens que j'expire et je sais qu'à la fin de ce moment passé avec moi-même j'aurai la liberté de choisir quel chemin j'emprunterai. Le chemin qui me convient. Je ne suis plus pris dans l'enchevêtrement. Je peux observer. Je peux décider. Je peux retrouver ma capacité de penser, Assis là, dans mon espace, mon endroit ressource. Cet endroit auquel nous pouvons nous relier dès que nous nous sentons perdus à l'extérieur, dès que nous nous sentons embrouillés, dès que nous avons peur, dès que nous ne savons plus quoi penser, comment penser. Revenons dans cet endroit dégagé, dans cet endroit de nous-même que nous avons tous au fond de nous. Toujours. Même si, parfois, nous n'en connaissons plus l'accès, ou bien si cet endroit est recouvert, encombré, obscurci. Cet espace est là. En moi. Pour moi. Mon espace ressource. Ma clairière. Je suis là, je le sens, je le sens vraiment. Dans cet endroit de moi, dans ce moment où seul existe mon sentiment d'être vivant.

Tout en restant profondément relié à cet espace ressource, à cette conscience ouverte, je peux revenir à ma vie qui bourdonne autour de moi, en moi, qui s'anime à nouveau, cette vie dans laquelle… je vis.

Et je me souviens, que je peux, dès que j'en éprouve le besoin, la nécessité, l'envie, retrouver le chemin de ma clairière, m'y poser un instant, respirer, observer, décider. C'est mon espace de liberté intérieure. Toujours là. Pour toujours.

❧ *Alors l'esprit ne regarde ni en avant ni en arrière. Le présent seul est notre bonheur.*

GOETHE.

#J2

LA TENDRESSE, VIENS, JE SUIS LÀ, J'AI BESOIN DE TOI

Fermer mes yeux. Sentir mon corps, tout ce qui s'y déploie. Du mieux possible. Se relier doucement.

Le souffle me caresse. Mon souffle. Il va et vient du haut en bas de mon corps, descend, remonte. Flux, reflux, inspiration, expiration. La brise de mon souffle, sa chaleur, sa douceur, sa fluidité. Mon souffle vital, présent depuis le premier jour, pour toujours. Mon souffle, celui qui me conduit dans tous les interstices de mon corps, celui qui anime chacune de mes cellules. Mon souffle. Je ressens sa verticalité qui me stabilise, sa force continue qui m'ancre dans ce moment, là, juste là, juste maintenant. Tout est là.

M'ouvrir à l'expérience, à la curiosité de ressentir, quoi qu'il se passe dans mon corps, dans mon cœur, dans ma tête. Ressentir. Tout ressentir. Nous connaissons le vacarme qui peut régner dans notre monde intérieur. Nous savons que des pensées vont nous assaillir, essayer de nous entraîner, de nous emmener. On peut très facilement se laisser emporter par ce flot d'associations d'idées qui est le fonctionnement normal de notre cerveau. Nous savons que nos émotions peuvent apparaître, émerger, surgir, nous envahir parfois, et nous pouvons être touchés, remués, absorbés, débordés par cette explosion.

Là, dans ce moment, je sais que chaque fois que mon mental tentera de m'emmener ailleurs, que mes émotions essaieront de s'imposer pour détourner mon attention, je pourrai revenir à toutes les sensations qui se déploient dans mon corps, instant après instant. Il ne s'agit pas de chercher à ressentir, de vouloir absolument ressentir, mais seulement de s'accorder cette possibilité de se relier à tout ce qui vit en nous, à tout ce que notre corps nous envoie comme signaux, comme sensations, et revenir à ces sensations encore et encore, et encore, chaque fois qu'on est parti, chaque fois qu'on en prend conscience.

C'est formidable d'avoir cette conscience-là, de constater qu'on peut partir mais revenir. Revenir à soi. Pleinement. Nous savons aussi que la respiration, la sensation de la respiration, le mouvement de notre respiration favorisent la stabilité de notre attention. J'inspire, je sens que j'inspire, je le sens vraiment. J'expire, je le ressens. Je suis dans cette intention d'être le plus intimement relié à ce que je suis en train de vivre, à ce que je suis en train de ressentir, à cette sensation de tout mon corps.

Assis là. Toutes les cellules de mon corps respirent et doucement peuvent ouvrir mon espace de conscience. Être vivant en cet instant. Tous les espaces de mon corps respirent, s'ouvrent et peuvent accueillir tout ce qui s'y déroule, quoi que ce soit. Je peux observer cette sensation d'ouverture, de dilatation, peut-être. Je ne suis plus crispé sur un problème à résoudre, sur une tâche à accomplir, sur une pensée que je dois suivre, sur une émotion qui m'accapare. Tout peut coexister dans cet espace large qui s'ouvre à moi, où je peux respirer, respirer au sens propre, où je peux respirer au sens figuré. Je suis ouvert, grand ouvert à ma vie, à la vie qui va et vient, là, juste là, juste maintenant, à l'intérieur de mon corps. Je peux explorer cette double sensation : la force, la solidité, et l'ancrage de ma posture. Je suis stable.

Une forme d'immobilité de mon corps, un peu comme une statue de pierre ou de bois ou de tout autre matériau, de terre peut-être. Et pourtant, je peux aussi percevoir à l'intérieur de moi toute la vie qui circule, cette incroyable vie qui s'organise à mon insu, qui bouge sans cesse, qui crée la vie en continu. Dans ce moment suspendu nous créons cet espace pour nous ressentir pleinement là, reliés à chacune de nos sensations, la plus infime de nos sensations.

Je m'ouvre à tout ce que je vis. Je dégage cet espace en moi. Et voilà que je trouve, blottie dans un repli de mon corps, la tendresse. Une tendresse pure. Chaude. Douce. Vivante. Une tendresse infinie. Cette part de moi que j'oublie souvent, cette part de tendresse qui se niche en chacun de nous, cette part de douceur qui est parfois ensevelie, qu'on a parfois du mal à connecter, à laquelle on a des difficultés à se relier dans le tumulte de nos vies, dans nos besoins de faire, d'agir, d'être efficace. Nous avons si souvent, dans nos vies, l'impression de combattre, une impression de piquant, une impression de turbulences, de flou, de déséquilibres. Une impression de peurs, de peurs diffuses, de peurs connues. Mais là, dans cet instant qui m'appartient, je m'approche de cet endroit de moi. Cet endroit tout doux. Cet endroit de tendresse, de tendresse qui vit en nous. Là, j'y suis presque. Du mieux que je peux, j'essaye de le toucher, peut-être de m'y installer, de m'y blottir comme dans un duvet moelleux, comme dans un morceau de coton soyeux, un nuage vaporeux. Cette tendresse que nous avons parfois du mal à déployer à l'extérieur. Cette tendresse que parfois nous hésitons à ressentir. Cette tendresse qui, quels que soient nos vies, notre parcours, nos difficultés, nous possédons tous. Une source de tendresse inépuisable dont chaque être humain a besoin pour se sentir profondément en sécurité avec lui-même, avec les autres, avec la vie. Ne pas avoir peur de cette tendresse, de cette douceur. Ce n'est pas notre faiblesse mais notre force, notre incroyable force, notre force de vie.

Je respire dans cette tendresse retrouvée, j'instille chaque particule de douceur dans mon corps, dans mon cœur. Tout est bien. Tout est là. Je suis reliée à cette source de tendresse infinie.

Je pourrai en retrouver le contact quand dans ma vie tout sera trop violent, trop dur, trop difficile. Cette tendresse que je vis et que je peux partager. Que je peux offrir. Que je peux donner. Au monde. À tout le monde. Ma tendresse…

> *Quand on commence à toucher son cœur, on commence à découvrir que son cœur est immense, vaste et sans limite. On se met à découvrir combien de chaleur et de douceur s'y trouvent, et combien d'espace aussi.*
>
> Pema Chödrön.

#J3

FORT COMME LE CHÊNE, FLEXIBLE COMME LE ROSEAU

Mettre toute notre attention, toute notre conscience sur nos perceptions corporelles. Laisser circuler en soi ce qui doit circuler. S'amuser à capturer chacune de nos sensations, où qu'elles soient, quelles qu'elles soient, si infimes soient-elles. Un festival de sensations, comme toujours dans mon corps.

Là, juste là, je dirige mon regard vers l'intérieur, vers ma vie intérieure. Cette attention, cette curiosité, me permet d'être pleinement dans l'instant présent. Quand je suis dans la sensation, je suis dans le présent. Tout se déroule dans mon corps, dans le présent de mon corps. Mon temple sacré, mon temple secret.

Je suis là. Je ne cherche rien à faire surgir. Je me relie simplement à ce qui est là, à tout ce que je ne perçois pas dans le tumulte de ma vie quotidienne, et qui pourtant est là, tout le temps là, toujours là. Je sais que mon mental est puissant, qu'il m'en détournera. Mes émotions pourront m'envahir, m'emporter, je le sais. Je connais les commentaires que peut produire mon esprit, ces commentaires qui me critiquent, qui peuvent me dire que je n'y arrive pas, que c'est trop difficile, que je ne réussirai jamais… Mes jugements si souvent sévères. Dans cet instant, j'accueille tout cela. Tout ce qui est moi. Quand j'observe que je me suis éloigné de mes sensations corporelles, je suis dans la conscience, dans la pleine conscience. Je suis dans la pleine présence. Si je suis en train de m'évader à mille lieues de toute sensation habitée, si je suis en train de me faire emporter par mes émotions, alors je reviens doucement, sans me brusquer, sans me juger, sur ce que je ressens. La perception du souffle qui entre et sort par mes narines.

Ma respiration, c'est mon ancre, mon ancre dans l'instant présent. Je peux observer que je n'ai aucun effort à faire pour respirer. Que mon corps sait, je n'ai pas besoin d'y réfléchir. Ma respiration est là, comme un bercement. Un bercement continu, inépuisable. J'inspire, je le sens, j'expire, je le sens, je le sens vraiment. Je me sens être là, profondément là dans cet instant, dans cet instant où je peux m'ouvrir à mon expérience. L'expérience de cet instant-là. Je n'ai nulle part où aller, je n'ai rien à faire, je n'ai pas besoin d'être quelqu'un en particulier. Je n'ai pas besoin de réussir quoi que ce soit. Juste respirer en pleine conscience et me relier du mieux que je peux à toutes les sensations qui se trouvent dans mon corps. Du mieux que je peux. Avec mes pensées qui vont venir, qui vont tenter de s'imposer. Mes émotions qui peuvent tourbillonner. Je les laisse faire, je les regarde comme si j'étais assis sur une île, au milieu des flots, peut-être même au cœur de la tempête. Mes pensées sont là, mes émotions sont là, mais moi je suis dans cet espace de pleine présence à moi-même, en sécurité. Comme les vagues de l'océan, mes pensées et mes émotions bougent tout le temps.

Souvent, on a l'illusion que ce que nous vivons, ce que nous pensons, ce que nous ressentons est la réalité, une réalité immobile qui ne pourra pas changer, mais nos pensées vont et viennent. Celle que j'ai maintenant ne sera pas celle que j'aurai dans quelques instants. Celle d'hier ne pourra pas être celle que j'aurai demain. Pas tout à fait la même. Même celle que je rumine, ce n'est jamais tout à fait la même forme de pensée, c'est une illusion. Comme nos émotions. Quand on est triste, quand on est en colère, quand on a peur, on peut *devenir* la colère, *devenir* la tristesse, *devenir* la peur et ne plus voir, ne plus ressentir que cela et avoir la conviction intime qu'on ne s'en sortira jamais. Non, la vie ne fonctionne pas comme ça ! Les émotions passeront, se transformeront, évolueront, grandiront, diminueront... Même la joie. Oui, même la joie. On aimerait tant qu'elle s'installe, définitivement. On peut éprouver cette envie de la retenir. Reste là, reste avec moi, laisse-moi te garder. Ne repars pas. S'il te plaît.

Mais rien ne dure. Rien ne dure vraiment. Tout est impermanent. Tout bouge, tout le temps. Notre corps se transforme à chaque instant. Notre cerveau se transforme minute après minute. Son architecture, ses liaisons, les connexions entre nos neurones ne seront plus les mêmes après ces quelques minutes de pratique. Notre cerveau s'est réaménagé. C'est étonnant, passionnant. C'est comme ça.

Tout au long de nos journées, tout au long de notre vie, notre cerveau se modifie, et c'est une très belle nouvelle. C'est ce qui nous permet de sortir de nos autoroutes de fonctionnement, de nos automatismes, de toutes ces choses que l'on pense systématiquement, que l'on associe spontanément, selon les événements. Toujours les mêmes dans certaines situations. Tous ces comportements que nous reproduisons à l'identique. Toutes ces émotions qui s'activent dans notre circuit imprimé. En dehors de toute conscience, de toute prise de conscience de leur présence, de leur nature, de leur influence. Là, juste là, dans cet espace de conscience que j'ouvre, dans ce lien que nourrit mon expérience, dans ce contact intime avec toutes mes perceptions, je suis libre. Je peux choisir, décider. Je peux observer mes autoroutes. Je peux préférer en sortir, explorer de nouveaux chemins.

Au début, ils seront moins praticables, je devrai me frayer un passage au milieu des ronces, ouvrir un nouveau sentier, puis un petit chemin. Un petit chemin qui m'amènera vers demain. Un petit chemin qui deviendra le mien. Nous pouvons tous prendre des chemins nouveaux, différents, nous pouvons tous choisir de nouvelles voies. Notre cerveau se remodèlera, avec ces nouvelles données engrammées. Par nous ! Pour nous ! Avec nous ! Et plus nous emprunterons ces chemins choisis, plus il deviendra facile et naturel de modifier notre regard sur les choses, sur les autres, sur la vie, sur nous-même, sur le monde. Sans lutter. La lutte nous fatigue, la lutte est épuisante et stérile. La lutte ne sert à rien.

C'est là, dans ce moment où je suis, dans ce moment où je ressens, que je peux être en conscience avec cet univers mobile. Tout bouge, tout change, tout est mouvement, tout est impermanence. Je peux sentir ce mouvement dans mon corps, même imperceptible : mon sang charrié par mes veines, par mes vaisseaux, par mes capillaires. Mon cœur qui bat, tous mes organes en relation permanente les uns avec les autres. Mon système nerveux qui envoie des signaux électriques, des signaux chimiques, qui transporte des informations en continu, qui reçoit inlassablement des influx… Toutes sortes d'influx. Nos neurones qui se connectent, les neurotransmetteurs qui activent les échanges, sans interruption. Ma peau qui échange avec l'extérieur, avec l'intérieur, qui s'ajuste à la température, qui régule mes contacts avec l'environnement. Mes respirations qui s'enchaînent, en boucles infinies… Tout bouge à l'intérieur de nous. Tout est vivant, la moindre cellule de notre corps est mobile, et pourtant nous pouvons aussi nous sentir forts, solides, ancrés, reliés profondément à notre vie, reliés profondément au sol, comme si nous avions des racines sous la plante de nos pieds qui s'enfoncent loin, très loin dans la croûte terrestre.

Mais nous sommes aussi flexibles. La flexibilité crée la vie. Le mouvement de la vie. Les deux sont indissociables : plus nous sommes solidement ancrés, mieux nous pouvons nous ajuster, nous adapter, à l'image du roseau qui bouge doucement dans le vent, même par grande chaleur où tout semble immobile, où l'air semble immobile. Même lorsque la tempête se déchaîne, le roseau ploie mais ne rompt pas. Le roseau est souple, le roseau bouge, il ne se déracine pas Il est solide dans son mouvement, comme nous le sommes. Nous pouvons sentir cette solidité, nous pouvons sentir ce mouvement. Nous pouvons sentir la part de nous-même qui est compacte, dense, solide et la part de nous-même plus fluide, plus aérienne, plus souple. Flexible. Comme tout ce qui bouge à l'intérieur, à l'extérieur de nous. Impermanence. Je ne cherche rien à retenir, rien contre quoi lutter. J'accueille ce qui est là. Je laisse mon corps respirer à son rythme. Je laisse ma respiration faire bouger mon corps à son rythme. Je bouge, je suis immobile. Ce que je vis maintenant sera différent dans un instant. Ce que je suis maintenant changera dans un instant. Je m'imprègne de toutes ces sensations. Je suis là, je suis moi, maintenant, je le sens je le vis, je respire dans toutes ces perceptions. L'instant d'après sera différent. Demain sera un autre jour.

Tout ce que je fuis me poursuit.
Tout ce que j'accueille me transforme.

Bob Staiil.

#J4

C'EST LE PRINTEMPS, BONJOUR LA VIE, MA VIE !

Tout ce que nous ressentons. Là. Dans l'instant. Tout ce qui se passe en nous. Peut-être une forme d'agitation, peut-être un va-et-vient de pensées, peut-être un ballet d'émotions. Prendre ce temps de météo intérieure. Là, juste là, que se passe-t-il en moi ? Quel est mon paysage intérieur ? Que puis-je observer ? Ressentir ? Puis-je vraiment me sentir être là ? Aligné dans la position qui est la mienne. Sentir mes appuis, sentir l'élévation de mon dos vers le ciel, mon ancrage dans la terre, et laisser aller ce va-et-vient de pensées. Le laisser aller comme si j'observais des nuages qui passent dans le ciel, des petits nuages blancs. Comme si je pouvais ressentir l'immensité du ciel, qui est toujours limpide au-dessus des nuages, et tellement vaste, qui contient tous les nuages et tellement plus que ce que l'on ressent, ce que l'on vit, ce que l'on pense, ce que l'on éprouve. L'immensité du ciel, l'immensité de ce que nous sommes. Beaucoup plus grand que nos pensées. Beaucoup plus grand que nos émotions. Tout peut exister.

Par moment, notre ciel intérieur est plus sombre, plus nuageux, plus venteux, nous nous sentons pris dans ce moment sombre. Nous ne parvenons plus à voir autre chose que cette pluie qui tombe sur nous, ce miroir obscurci de nos préoccupations, de nos inquiétudes, de nos anxiétés, nos ruminations. Mais, au-delà, le ciel est toujours bleu. Si nous avions la possibilité de nous télétransporter un peu plus loin, nous trouverions sûrement un coin de soleil, nous pourrions nous reconnecter à ce bleu intense, à cette lumière éclatante.

En me reliant au fil de ma respiration, au va-et-vient de mon souffle, je peux ouvrir cet espace à l'intérieur de moi, l'agrandir, ressentir cette immensité qui m'habite envers et contre tout. Ce soleil qui peut me réchauffer, qui peut m'adoucir. Et alors sentir dans un coin de mon corps, dans un endroit de mon cœur, la vie qui palpite. Quelque part en moi, je peux ressentir, même très légèrement, un crépitement de joie pour une petite chose infime de ma vie. Comme un pépiement d'oiseau, qui chante et virevolte dans les rais du soleil. Heureux de ce printemps qui s'éveille en moi.

Au moment du printemps, la nature se déploie. Tout est en extension. Comment pouvons-nous percevoir cette extension à l'intérieur de nous, cet élargissement, ce déploiement, cette nouveauté ? Ce printemps-ci, n'est pas le printemps de l'année dernière. Ce printemps-ci se passe à l'intérieur de nous. Ce que je ressens maintenant. Non pas ce que j'ai ressenti il y a quelques instants ou que je ressentirai dans l'instant suivant. Tout est nouveau, tout le temps. Dans tout ce que je vis. Nouveau, différent, neuf.

Dans les arbres remonte la sève, les premiers bourgeons apparaissent, l'herbe devient plus verte. Que puis-je ressentir de ce renouveau dans mon cœur ? Dans mon corps ? Dans toutes mes perceptions corporelles ? Que puis-je ressentir de la vie qui est là, en moi ? Et puisque je vis, la vie se déploie en moi à chaque instant. La vie invente de nouveaux possibles, de nouvelles formes, de nouveaux états d'être. Je sais qu'avec mon souffle, je peux, moment après moment, ouvrir cet espace en moi, l'élargir, approfondir ma sensation de présence, Élargir, ouvrir, approfondir, sentir même très légèrement ce que je ne ressentais pas il y a quelques instants. Qu'est-ce qui est nouveau en moi maintenant ? Quelle sensation ? Quelle perception ? Installé dans mon immensité malgré les nuages qui vont et viennent et passent si je ne les accroche pas. Ce crépitement tout léger, ou plus fort, quelque part dans mon corps, est-ce que je peux l'attraper ? Est-ce que je peux le toucher ? Est-ce que je peux m'en approcher ?

Puis-je sentir ce petit frissonnement ou ce grand tremblement en ce jour de printemps ? Entendre dans mon corps, dans mon cœur, le printemps qui arrive ? Ressentir encore et encore tout ce qui se déploie, là, en cet instant, en ce minuscule instant présent qui n'existe que parce que j'y mets mon attention, toute mon attention. Cet instant présent qui n'existe que parce que je tente de l'habiter pleinement. Ce moment présent qui s'offre à moi, maintenant. Juste cet instant-là, cet instant nouveau.

Au rythme doux des sensations de mon souffle. J'inspire. J'expire. Je le sens vraiment. Je suis là dans ce moment, dans cet instant, je le sens, ancré dans le sol, la tête vers le ciel, dans cet alignement, relié à la solidité de ce que je suis. À l'immensité de ce que je suis. Dans ce ciel infini, dans cette lumière qui brille jour et nuit à un endroit du monde. En nourrissant ma présence, je me nourris du vivant, je grandis, je deviens.

Nous pouvons, du mieux possible, rester en intimité précieuse avec tout ce qui se passe en nous, en cet instant, bouger doucement, dans une grande respiration. Nous étirer. C'est le printemps !

Il ne suffit pas d'être en vie, il faut être vivant.
C'est-à-dire savoir qu'on est au cœur d'un prodige.

René Barjavel.

#J5

L'ENDROIT RESSOURCE EST LÀ, JUSTE LÀ

Fermer les yeux et prendre contact avec l'instant présent : celui qui est là, juste à cet instant. Que se passe-t-il dans mon corps, là, maintenant ? Quelles sont mes pensées ? Cherchent-elles à m'entraîner, à me faire réfléchir ? Des pensées qui tentent de s'imposer, qui s'enchaînent les unes les autres. Parfois à très grande vitesse. C'est normal, notre cerveau pense, c'est sa mission, c'est son job. Mais nous ne sommes pas obligés de partir dans nos pensées. Nous ne sommes pas obligés de les croire, de croire qu'elles sont vraies, qu'elles sont toujours vraies. Nous ne sommes pas obligés de nous identifier à nos pensées, de les considérer comme des réalités. Nos pensées négatives tentent de nous convaincre et nous soufflent : « Je suis nul, je n'y arrive pas, je ne peux pas… » Mais ce sont juste des pensées ! Et si on les observait ? « Tiens voilà cette pensée ! Tiens, voilà cette autre pensée ! » Cela nous permet d'installer une forme de distance. Considérer nos pensées comme un mouvement, un va-et-vient incessant, un ballet. Un ballet électrique, de multiples connexions, d'échanges chimiques. Bien sûr, nous avons besoin de notre pensée, de notre cerveau. Nous avons besoin à certains moments qu'il soit très présent, qu'il nous permette de résoudre des problèmes, de comprendre, d'analyser. Mais souvent, la pensée vagabonde et en particulier dans les moments où nous faisons le choix de nous poser pour connecter un espace différent en nous. Les pensées viennent nous titiller, nous les laissons déambuler, aller et venir. Ce sont nos pensées, elles font leur mouvement de pensées. Mais, nous avons la possibilité de nous mettre derrière le rideau, de nous poser dans un espace en nous même, plus dégagé. Elles sont là, mais plus loin.

Elles virevoltent, mais plus loin. Elles ne me traversent pas puisque je les vois. Pour mes émotions, tout se joue à l'identique. Certaines peuvent émerger brusquement, m'envahir très soudainement. D'autres peuvent m'emporter : « Je suis triste », « Je suis en colère », « J'ai honte ». Là encore je peux considérer les émotions comme des passagères de mon âme. Je peux m'en amuser : « Tiens ! Te voilà la colère, je te connais. Je sais quel effet tu fais dans mon corps », « Tiens, toi, tu es la tristesse et je peux percevoir tes effets, mais là, je vais rester tranquille avec ce que je suis, dans cet instant ».

Du mieux que je peux, je m'installe dans mon espace intérieur, dans mon espace de respiration intérieur. Dans cet espace, je vais évoquer une image. L'image d'un endroit que je connais ou un endroit imaginaire. Une image que je vais sélectionner parmi toutes les images qui s'offrent à moi. Peut-être un léger stress : « Que vais-je choisir ? » Ce qui est important, c'est de laisser émerger l'image qui a envie d'être là, maintenant, et peu importe, vraiment, peu importe l'image. L'image d'un lieu, l'image d'un endroit que j'aime, qui me fait du bien. Un endroit qui est important pour moi, qu'il soit réel ou appartienne à mes rêves.

Quand nous aurons évoqué cette image, nous pourrons la placer au premier plan du champ de notre conscience, comme si nous étions réellement dans cet endroit. Cet endroit que je peux regarder, que je peux explorer, même les yeux fermés, avec tous ses détails. Les éléments importants sont bien visibles mais puis-je m'en approcher et observer avec plus d'attention ? Regarder les formes, regarder les couleurs, regarder les mouvements, même les plus petits mouvements comme une petite herbe que le vent fait osciller. Si je n'étais pas attentif, je ne verrais pas cette oscillation, je ne verrais pas le reflet sur l'eau, la goutte d'eau, le reflet du soleil sur un caillou, les parties de l'image dans l'ombre ou plus éclairées. Je peux observer ces ombres et m'amuser de leur forme. Juste observer et revenir dans mon image dès que ma pensée m'emmène ailleurs ou me fait juger mon expérience, en me soufflant : « Ai-je bien fait de choisir cette image ? », ou toute autre pensée qui m'éloignerait de mon expérience de l'instant, qui me ferait sortir du cadre, de cet endroit, mon endroit, juste maintenant. Nous pouvons rester là, dans ce lieu que nous avons choisi. Nous pouvons pleinement, avec émerveillement, avec curiosité, avec tendresse, observer, regarder, laisser scintiller, briller, miroiter, exister… Je peux m'asseoir ou m'allonger. Je peux aussi m'approcher des différents reliefs, pierres, arbres ou sable, mer, feuillage, qui s'y trouvent. Toucher l'eau, toucher un arbre puis un autre, toucher une fleur. Sentir le sable ou les herbes dans ma main. Poser ma main sur une pierre, un galet, un gravier, sur un petit caillou et le sentir, le sentir vraiment. M'adosser contre un muret, contre un arbre, un rocher et ressentir la partie de mon dos en appui ou encore le contact de mes mains, de mes pieds sur la terre, sur le sable, ou sur le sol. Peu importe. Je me relie à toutes les sensations tactiles que je peux éprouver dans cet endroit, dans cet endroit secret, dans cet endroit sacré, dans cet endroit de mon cœur. Maintenant je peux percevoir les odeurs. Toutes les odeurs. Quelles qu'elles soient. Les plus présentes, les plus infimes, les plus volatiles. Les odeurs éphémères.

Qu'est-ce que je sens, dans le va-et-vient de ma respiration, de ce qu'exhale chaque parcelle de cet endroit où je me trouve en cet instant ?

J'entends aussi chaque bruit, le bruit du vent, le bruit de la mer, de l'eau, une cascade, le pépiement des oiseaux, le meuglement des vaches, le bêlement des brebis, le tintement d'une cloche… Tous les bruits. Le moindre bruit. Ceux qui sont proches, ceux qui sont plus lointains. Le bourdonnement des insectes, peut-être. Je peux ouvrir grand mes oreilles et juste entendre cette symphonie qui se trouve là, juste là, en cet endroit. Cet endroit que j'explore. Que j'entends. Maintenant.

Je reste là encore un instant, pour bien regarder, pour bien sentir, entendre, toucher, m'imprégner de toutes les sensations que me procure cet endroit et me relier pleinement, dans l'ici et le maintenant, à tout ce que je suis en train de vivre. À toutes les perceptions, toutes les sensations qui se trouvent dans mon corps, mon corps pleinement connecté à cet endroit.

Et puis, doucement, je vais dézoomer. Je vais laisser petit à petit cette image rétrécir dans le champ de ma conscience, s'éloigner. Mais je la garde précieusement dans mon cœur. Je la grave dans mon cœur. Je la pose à l'intérieur de mon corps. C'est mon endroit ressource. Cet endroit auquel je pourrais me relier dans tous les moments de ma vie où je me sentirai inconfortable. Alors je pourrais m'y réfugier et mon cerveau se souviendra. Mon cerveau se resynchronisera naturellement à toutes les sensations que je viens d'éprouver là, maintenant. Tout ce bouquet de sensations sera instantanément disponible pour m'apaiser, me ressourcer, me faire du bien, me réconforter, m'apporter de la douceur, de la tendresse, du calme. Pour éclairer mon chemin dans les moments où je me sens perdu. Je sais que dans cet endroit ressource, je peux me retrouver, retrouver profondément ce que je suis, les forces qui sont les miennes, les ressources qui sont les miennes. Chaque fois que je réévoquerai cette image ressource, tous mes sens, tout mon corps, tout mon cœur, se remettront à l'unisson.

❧ *Tu sais très bien qu'il y a, au plus profond de toi,*
une magie, une force, un salut… qui s'appelle l'amour.

Hermann HESSE.

#J6

SOUFFLE ÉTERNEL, MOMENT SUSPENDU

Maintenant. Maintenant est mon moment. Le moment du présent. De mon présent. De mon cadeau. Cet instant que je m'offre pour me poser, pour m'arrêter. Juste être là. Avec moi.

Relié à toutes mes perceptions, relié à ma respiration. En intimité. Tout près de mon souffle. Là. Je peux le toucher. Vraiment. Je ne change rien à son mouvement. Son mouvement perpétuel.

Mon souffle qui glisse en moi, comme un baume apaisant, comme de l'eau fraîche, désaltérante. Mon souffle qui répand son flux vital dans toutes mes cellules. J'inspire, je le sens. Encore. Mon souffle qui remonte, s'élève. J'expire, je le sens.

J'ouvre ma conscience. Grand. Très grand. J'accueille tous les mouvements de l'air, tous les mouvements de ma respiration, tous les mouvements de mon souffle. Mouvements de ma vie.

Je suis attentif à tous les recoins de mon corps où circule mon souffle. Je suis attentif à toutes les sensations qu'il dégage, à toutes les perceptions qui se propagent, les plus infimes, les plus ténues. Ma conscience les traque, les capte, les anime. Mon corps respire. Tous mes organes respirent. La moindre cellule de mon corps respire. Encore, et encore. Je ressens cette inspiration. Je ressens cette expiration. Je le ressens vraiment.

Mon corps bouge doucement au gré des va-et-vient de mon souffle. Ma poitrine se gonfle légèrement à l'inspiration, se rétracte imperceptiblement à l'expiration. Mon ventre se gonfle, se creuse, tranquillement. Toute mon enveloppe corporelle se modifie, subtilement.

Ma respiration est précieuse. Je peux la remercier. Lui accorder une gratitude infinie.

Cette respiration qui m'accompagne depuis toujours, à chaque instant de ma vie, pour toujours. J'inspire, mon corps s'élève, monte vers le ciel. Légèreté. J'expire, mon corps s'ancre, se stabilise, s'enracine dans le moment présent. Solidité. J'inspire, l'espace limpide s'ouvre à moi. J'expire, je suis stable, équilibré. Lorsque je respire en pleine conscience, je me recentre, je me réaligne, je m'apaise. Je me ressource pour un instant, une seconde.

Respirer en pleine conscience, c'est prendre soin de soi, augmenter sa qualité de présence pour soi-même, pour ceux qui nous entourent.

Porté par mon souffle, emporté par mon souffle, soulevé par mon souffle, je me sens partie de l'univers, de tout l'univers, de la vie, toute la vie. J'inspire, j'expire, je vis, je le sens. Tout est dégagé. Tout est limpide. Je le sens. Souffle de la vie. Éternel.

❧ *Le vent souffle où il veut ; tu entends sa voix,*
mais tu ne sais, ni d'où il vient ni où il va.

Saint Jean.

#J7

Ô LAC, MON BEAU LAC, MIROIR DE MON ÂME

Voilà, nous sommes posés, confiants. Nous pouvons doucement fermer les yeux pour favoriser ce voyage que nous allons entreprendre à l'intérieur de nous-même. Le plus à l'intérieur de nous-même, le plus en contact avec tout ce qui est là, maintenant, juste là. Tout ce qui est en cet instant : notre vie intérieure, nos pensées, nos émotions, nos perceptions corporelles, tout ce mélange constant de notre mental, de nos sentiments, de ce que nous ressentons, de ce que nous pensons. Tout ce qui bouge en nous, c'est bien, c'est normal, c'est notre vie intérieure. Toujours animée. Progressivement, nous pouvons nous relier au flux de notre souffle. Ce mouvement imperceptible de notre respiration, qui est toujours là, présente. Notre ancre dans l'instant présent.

Maintenant, je peux évoquer, tendrement l'image d'un lac, peu importe lequel : celui qui émerge, celui qui me vient. Il peut être petit ou beaucoup plus vaste. Il peut être dans des tonalités de bleu ou de vert, en plaine ou en montagne. Juste le lac qui se présente à mon esprit, là, maintenant.

Nous pouvons observer ce lac, sa surface qui est peut-être lisse en cet instant, comme un miroir. Un miroir qui reflète tous les reliefs autour, peut-être des rochers, des montagnes, des roseaux, des arbres. La surface du lac qui scintille avec le soleil comme des milliers de diamants. Quand vient le soir, c'est la lune qui s'y reflète, et les étoiles. Une nouvelle lumière, de nouveaux reflets, de nouvelles ombres. J'observe le lac, sa surface et je reviens à cette contemplation intérieure dès que d'autres pensées, d'autres émotions, d'autres réactions, d'autres impulsions viennent troubler mon image. Comme le fait le vent, qui ride doucement la surface. Je peux voir les ondulations, les vaguelettes qui frissonnent, puis des vagues plus hautes qui s'agitent... Le soleil continue de se refléter, de s'abandonner au fil de l'eau. Ou est-ce la lune qui sculpte ses éclats ? Les vagues n'empêchent pas la lumière de toucher la surface de l'eau. Le vent est plus fort, le lac tremble, peut-être l'eau se trouble-t-elle. En hiver, le lac peut geler tout en continuant de réfléchir la lumière, toutes les lumières. Quand il est gelé, si nous plongeons en dessous de sa surface, la vie est toujours là.

Quels que soient les mouvements en surface, dans les profondeurs du lac, la vie existe. Plus en profondeur, tout est calme. Plus rien ne bouge.

Quand je me sens prêt, je m'autorise à fusionner avec ce lac, mon lac. Je deviens le lac. Je peux sentir l'eau prendre sa place à l'intérieur de moi, elle est contenue, mais elle peut s'immiscer dans les interstices de mon corps, se glisser, se faufiler, s'installer comme elle le fait dans ce qui la contient dans son décor naturel. L'eau s'infiltre mais elle reste contenue. Tout respire au rythme de ma respiration, de mon lac.

Alors s'activent peut-être des sensations nouvelles en moi. Je peux en être curieux, étonné. Je respire avec lui, mon cœur et mon mental grands ouverts à tout ce qui se passe. Peut-être le lac va-t-il s'agiter, peut-être des pensées vont-elles le brouiller, peut-être des émotions vont-elles venir troubler sa surface ? Mais je sais que je peux aller en dessous de cette agitation, là où je peux ressentir doucement la vie et où je peux, en plongeant encore un peu, sentir, toucher le calme.

Quoi qu'il se passe à la surface de mon lac, je peux être relié à cet espace de calme, de douceur, de tranquillité. Une pensée qui ride sa surface ? Une émotion qui vient la troubler ? C'est OK. Je peux être aussi dans les profondeurs de mon lac, dans sa sérénité, dans tout cet espace de conscience tellement large. À la surface, l'eau miroite toujours de ses reflets changeants. L'ombre. La lumière.

Tout continue d'exister à la surface de mon lac. Tout continue d'exister à l'extérieur de moi. Tout continue à être dans mes pensées, dans mes émotions. Mon lac contient tout, il peut tout englober. Il me permet de tout vivre.

Nous pouvons rester un instant dans cette sensation, la sensation de ce lac en nous, de la profondeur que nous pouvons ressentir quelles que soient les intempéries qui se profilent, quels que soient les mouvements en surface, je peux rester avec toute cette étendue.

Peut-être que dans ma vie courante, quand les mouvements seront trop forts, quand mes pensées m'entraîneront en avant, en arrière, dans des cercles d'anxiété qui parfois me font tant souffrir, quand je serai pris dans les inquiétudes que me procure la vie, quand j'aurai peur, quand je serai en colère, quand je serai triste, quand les émotions viendront me bouleverser, alors je pourrai me souvenir que dans mon lac intérieur tout est calme et que ma conscience peut tout contenir : à la fois ce qui se produit à l'extérieur et tout ce que je peux ressentir de calme, de présence, peut-être de transcendance, à l'intérieur de moi. Puis-je, encore un instant, sentir en moi ce lac ? Mon lac ? Sa grandeur ? Sa majestuosité.

Peut-être aussi pourrai-je vivre des moments où mon lac est si tranquille, sa surface si lisse, où tout brille, où tout s'apaise au-dessus, au-dessous, où tout est reposé, serein. Quels que soient les moments de ma vie, je pourrai retrouver mon lac et tout ce qu'il contient. Mon lac.

Rien de ce qui existe en ce monde n'est en dehors de toi. Cherche bien en toi-même ce que tu peux être. Puisque tu es tout.

Jalâl AL-DIN RÛMÎ.

#J8

ENTENDRE LE SILENCE

Je m'offre ce moment, je m'ouvre à ce moment qui est là. Voilà. Tout est bien. Je peux maintenant me couper des stimulations visuelles extérieures, m'installer à l'intérieur de moi. Je peux entrer en contact, en intimité avec ce que je suis en train de vivre, avec tout ce que je suis en train de vivre. En moi. Toute ma vie intérieure. Peut-être percevoir une forme de brouhaha, d'agitation, peut-être des tensions, des agacements, peut-être du plaisir à me retrouver avec moi-même, peut-être des idées, des pensées qui se bousculent qui essayent de m'emmener, de me montrer un chemin buissonnier pour me faire quitter cette intention d'être simplement là, au milieu de tout ce qui peut être. Nous les connaissons nos pensées. Nous savons qu'elles vont et viennent, parfois cherchent à s'imposer. Ne pas lutter. Ne pas mettre de l'énergie pour les éloigner, les museler. Juste les considérer comme des pensées. Elles sont là, mais je ne suis pas obligé de m'y accrocher, je ne suis pas obligé de m'y attacher. Je peux juste les laisser passer, les regarder passer, comme un vol d'oiseaux dans le ciel, comme un bruit lointain.

Et mes émotions ? Cherchent-elles aussi à se faire entendre ? À jouer leur symphonie bruyante ? Là, en cet instant, quelles que soient les émotions que je ressente, qu'elles me fassent vivre un sentiment agréable ou désagréable, je suis attentif à ne pas les laisser s'imposer, se déployer. Je ne m'installe pas. Je les laisse se dissoudre. Se fondre. Je ne leur accorde aucune matière, matière à ressentir, matière à penser. Je connais tout ça, je connais cette vie intérieure avec tous ses bruits. Dans ce moment que j'ai choisi de vivre, je les laisse doucement s'éloigner du premier plan du champ ma conscience, virevolter autour de moi, au loin. Et moi, je suis là. Installé au creux de moi. Installé dans cette sensation profonde d'être là, juste maintenant avec le rythme de mon souffle. Ce rythme auquel je peux me relier, à chaque instant, pour m'installer dans ma présence.

Ma présence peut être dégagée du brouillard qui souvent en occupe l'espace. Je peux vivre ma présence comme une trouée dans le ciel, au milieu des nuages. Cet espace dégagé qui existe en moi. Cet espace derrière le vacarme de ma vie.

Maintenant, doucement, calmement, tendrement, je peux voir comment entrer en contact avec ce silence. Comment écouter ce silence. Ce silence derrière mon mental, derrière mes émotions, même derrière mes sensations. Quels que soient les bruits extérieurs, quel que soit le bourdonnement intérieur, je peux m'installer derrière, je peux me poser dans ce silence qui précède tout. Ce silence qui était là avant, avant que je n'existe. Ce silence qui existera après moi. J'écoute le silence. Je l'écoute et peut-être je l'entends se diffuser à l'intérieur de mon corps. J'écoute le silence, le silence qui n'est pas le vide. Le silence qui est une présence, une présence vivante. J'écoute le silence, je l'écoute vraiment, juste là, juste maintenant, même si je ne parviens à l'entendre que de façon fugace, éphémère, une bulle de silence, une bulle qui s'évapore. Et peut-être encore une, et encore une plus grande, une bulle et encore une autre. Une bulle où je peux m'installer, une bulle qui peut s'élargir. Je peux élargir cette bulle de silence en ouvrant de plus en plus mon cœur, en l'ouvrant presque physiquement ? J'ouvre mon cœur, j'écoute le silence. Je touche le silence avec tout ce que je suis, je le sens, je le sens vivre en moi, je l'entends vivre en moi. Je m'installe dans ce silence. J'ouvre mon cœur pour le faire vivre, pour le faire respirer, pour le faire exister. J'ouvre mon cœur.

Je peux m'amuser à ressentir le silence dans mes pieds, dans mon dos. J'écoute le silence dans mes mains. Je l'écoute dans mon ventre, mon ventre qui se gonfle doucement à l'inspire, qui se relâche à l'expire. Le bruit du silence, l'intensité du silence, la vie du silence, la densité du silence, le plein du silence. Je l'écoute dans mon cœur, dans ma poitrine et j'ouvre le cœur. J'ouvre, j'ouvre le cœur. Je laisse la place au silence, à sa présence. Quand le mental revient m'accaparer ou les émotions me titiller, je les laisse repartir dans le brouillard au-delà, loin, là-bas. Je reste derrière le rideau de mon mental, derrière la farandole de mes émotions, derrière la valse de mes sensations. Dans cet espace de silence qui a toujours été, qui est toujours là, quoi que je vive, quelle que soit ma vie. Je goûte le silence, je le sens, je le touche, je l'écoute. Je le sens se dilater dans toutes les parcelles de mon corps, dans toutes mes cellules, mes cellules pleines de silence. J'inspire dans mon silence, j'expire. Ce silence vivant, qui m'accompagne à chaque instant de ma vie, ce silence qui est aussi moi. Ce silence plein de ma vie. Ce silence actif, doux, protecteur, ce silence ressource. Ce silence où je peux aller puiser des forces lorsque j'en ai besoin. Ce silence qui contient tout, tout ce que je suis, tout ce que je vis. Ce silence dans lequel je ne suis plus rien et tout à la fois.

Je laisse la vie être en moi, j'écoute le silence tout au fond de moi. C'est dans ce silence que peut émerger une conscience claire, une conscience limpide, la vérité de ce que je suis profondément. Je reste en contact le mieux que je peux avec ce silence. Je sais qu'il est là même si je ne l'ai touché, écouté, senti que de façon fugace. La force du silence. Ma force. C'est dans ce silence, toujours là en moi, que je peux puiser mon élan vital, mon élan de vivre.

❧ *Quand je sais que je ne suis rien, c'est la sagesse, quand je sais que je suis tout, c'est l'amour. Entre les deux ma vie s'écoule.*

Nisargadatta MAHARAJ.

#J9

BIENVEILLANCE, BIENVEILLANCE CHÉRIE

Prenons le temps. Notre temps. Ce temps pour soi. Pour s'installer, se poser. Tout s'agite en moi ? Je laisse exister tout ce qui est là, sans rien trier, sans objectif, sans attente, sans chercher à comprendre, sans analyser quoi que ce soit.

En essayant de porter un regard neuf, curieux, attentif, à l'expérience qui est la mienne. Celle-ci. Sans chercher à la modifier. Je suis juste présent, pleinement présent. Relié à ma respiration, au va-et-vient de mon souffle. Cette respiration qui est un cadeau de l'instant présent.

Voilà. Je suis là. Avec moi. Je le sens. L'espace s'élargit en moi.

Comme une plume qui volette puis se pose, je laisse tranquillement venir en moi une qualité de bienveillance. Cette qualité si forte. La bienveillance, *bene volens,* vouloir du bien. Vouloir du bien à l'autre. Une qualité qui nous permet de ressentir de la douceur, de la tendresse, de l'affection, de l'amour. Et pour nous aider à vivre pleinement ce moment, ce moment précieux, nous pouvons laisser venir à nous l'image d'une personne qui a toute notre affection, une personne envers qui nous éprouvons une tendresse inconditionnelle. Je peux laisser ce visage, ces visages, éclore dans mon cœur. Le visage qui vient. Je peux en être surpris. C'est celui-là, cette personne-là, celle de ce moment-là. Il ne s'agit pas de penser à cette personne, juste de laisser de l'espace en moi pour ressentir sa présence. Ressentir l'affection qu'elle me porte, sa bienveillance, son amour. Je m'autorise vraiment à accueillir tout ce qui vient, en laissant mon intimité s'ouvrir. Peut-être sentir cette fragilité qui se dévoile en moi.

Je peux doucement relier ces liens d'affection, de tendresse, de bienveillance, d'amour à mon souffle. Lorsque j'inspire je reçois cette tendresse, cette affection, je le ressens en moi, au plus profond de mon être. Lorsque j'expire, je transmets cette affection, cette tendresse, cette bienveillance. Je donne, j'aime. J'inspire, je reçois. J'expire, je transmets. Je laisse doucement ces liens d'affection, ce sentiment d'amour, emplir mon esprit, mon corps, mon cœur. En restant attentif à tout ce que je ressens, sans m'accrocher à rien, sans rien repousser, juste être en lien d'âme avec cette bienveillance qui m'inonde. Tendrement, je peux élargir ces liens d'affection à d'autres personnes que je connais, qui me sont proches. Puis, ouvrir doucement ma bienveillance plus largement, de façon plus étendue, plus vaste, à toute personne que je ne connais pas. Je laisse cette affection, cette tendresse, cette douceur se diffuser, se dilater, rayonner, irradier. Je ressens cet amour du mieux possible. Dans chaque petit coin de mon corps. De mon cœur.

Je peux aussi essayer de m'accorder cette bienveillance, cette affection, cette tendresse. En acceptant de m'aimer tel que je suis aujourd'hui, quels que soient mon histoire, mon passé ou la situation du moment. Je m'accueille sans me juger en essayant doucement, en apprenant doucement, à m'accorder cette tendresse. Je peux ressentir avec humilité, ouverture, sincérité ce besoin d'amour qui émane en moi. Cette bienveillance que je peux m'accorder en reliant à mon souffle cette douceur, cette chaleur, cette caresse réconfortante, apaisante. Ma respiration, mon élixir.

Je peux aussi faire l'expérience de laisser naître en moi un sourire, peut-être aussi l'exprimer sur mon visage. Et ressentir. La bienveillance se libère en moi, s'enroule autour de moi. Tout est plus grand. Plus large. En moi. Autour de moi. L'amour qui guérit.

❧ *À force de sacrifier l'essentiel à l'urgence,*
on finit par oublier l'urgence de l'essentiel.

Edgar MORIN.

#J10

CÉLÉBRER, NOUS SOMMES VIVANTS !

Aujourd'hui, c'est mon anniversaire ! Ce jour où nous éprouvons la sensation d'être pleinement vivant, d'exister, de faire partie du monde qui est le nôtre. Ce jour où nous avons la sensation d'être un peu spécial. Non pas différent des autres mais profondément relié à la grande chaîne humaine. Je suis vraiment heureuse de partager ce jour de célébration avec vous. De célébration de la vie.

Se sentir pleinement installé, posé, sentir son corps. Là, dans ce moment, sentir son incroyable présence, la densité de notre corps. Sa forme, son volume, ses contours. Notre corps où tout existe.

Se relier à notre corps, qui nous permet d'exister, qui nous permet de ressentir, de penser, d'éprouver, d'agir, d'accomplir. Notre corps qui est le théâtre de toute notre vie, sans exception. Notre corps qui contient tout. Si des pensées surgissent comme des pop-up, si des idées s'élancent comme des petites bulles qui volettent, tournoient puis éclatent, c'est notre corps qui les fabrique. Quand des émotions s'infiltrent et nous aspirent dans leur tourbillon, c'est notre corps le grand ordonnateur. Toujours. Tout le temps. Là, tranquillement, je reviens à la sensation du corps tout entier et je laisse ces pensées, ces émotions, virevolter, puis circuler, s'éloigner. Je peux prendre conscience de leur impermanence. Tout passe. Rien ne dure jamais vraiment, même mes pensées les plus aiguisées, même mes émotions les plus violentes. Impermanence.

Mon corps, les sensations de tout mon corps, de chaque endroit auquel je me relie, me ramène à la densité. La puissance de ce que je vis, là, dans mon corps, tout mon corps, dans cet instant.

Tout notre corps présent, tout notre corps qui est notre vie, tout notre corps qui nous signifie que nous sommes vivants, que nous sommes nés et que nous pouvons tous célébrer cette force, cette force du vivant en nous.

Célébrer notre corps, c'est nous célébrer, nous célébrer comme des êtres uniques et à la fois tellement dépendants les uns des autres. Tous singuliers, tous pareils. Notre corps qui nous distingue les uns des autres mais qui nous fait appartenir à la même humanité. Notre corps dans lequel se jouent notre identité mais aussi notre universalité. Nous sommes ce corps, ce corps qui nous a tout permis. Ce corps avec qui nous avons grandi, ce corps avec lequel nous avons vécu tout ce que nous avons vécu. Les événements agréables, joyeux, les moments plus difficiles, plus douloureux. Tout est corps, tout s'est passé en nous. Notre corps qui, là, maintenant, dans cet instant, dans cet instant ouvert, me permet de me sentir vivant, pleinement vivant. Quel que soit mon parcours, quelles que soient mon histoire, mes joies, mes blessures, mes aventures.

Je peux remercier ce corps, je peux le célébrer, je peux me célébrer à travers lui, qui est à la fois un mais aussi tout.

Célébrer, c'est remercier, célébrer, c'est éprouver une profonde gratitude pour tout ce qui est, ce qui est là, en moi, tout ce qui existe, autour de moi, tous ceux qui vivent, avec moi, dans ce monde. La vie est là, autour de nous. La vie est là, en nous.

Ressentir le vivant, c'est être vivant. Ressentir le vivant en nous, c'est être vivant avec les autres, les uns avec les autres.

Célébrer, c'est remercier la vie. Alors c'est vrai, le jour de notre anniversaire, nous avons une conscience plus vive que nous sommes nés, que nous sommes arrivés au monde et que nous sommes là, dans cette incroyable humanité, avec tout ce qu'on en comprend et tout ce qui nous échappe. Tout ce qui nous échappe est immense, tout ce qui nous échappe est la vie. On peut aimer aussi tout ce qui nous échappe parce que c'est ce qui nous permet d'être vivant. On ne sait pas pourquoi on vit, mais nous vivons, alors on peut aimer cet invisible, cet incompréhensible, ce mystère parce qu'il nous permet d'être là, maintenant, quelle que soit notre place dans le monde. Nous sommes tous reliés, nous avons tous besoin les uns des autres. Il est pour chacun de nous important aussi de protéger, de cultiver, d'aimer ce que nous sommes, chacun individuellement dans cette communauté d'âmes. Chacun unique, tous intimement reliés.

Celui qui a senti une fois dans ses mains
trembler la joie ne pourra plus jamais mourir.

José HIERO.

#J11
S'ALLÉGER DU POIDS DE NOS VIES

Tout est lourd dans ma tête, mes émotions me pèsent, mes pensées m'accablent. Mais là, je peux plonger dans cet espace qui s'ouvre. Plonger mon attention dans tous les sillons de mon corps. Plonger dans mes sensations. Les pensées qui vagabondent, les émotions qui défilent. Tout va bien. On les laisse aller et venir en nous, sans qu'elles nous ensorcellent, sans qu'elles nous embarquent, sans lutter contre elles. Elles sont là. Elles font partie de notre paysage intérieur mais, pour l'instant, notre attention se focalise sur les chemins dégagés. Notre attention se faufile entre les tensions, entre les nœuds, entre les lourdeurs. Mon attention glisse dans les interstices. Je ressens la caresse de la lumière, la douceur de l'air dans ces endroits libres de mon corps. Je perçois le contraste avec ce qui pèse, ce qui est lourd, dense, compact. Je le perçois dans chacune de mes sensations corporelles. Le contact, la pression de certaines parties de notre corps en contact, avec le siège, avec le coussin, avec le sol, avec le matelas… Ou un toucher plus doux, plus léger, aérien. Est-ce que je peux, aussi, ressentir sur mon visage, sur mes mains, sur mes bras, s'ils sont découverts, sur mes pieds, s'ils sont nus, la sensation de l'air ? Même l'air immobile.

Comment me relier maintenant aux sensations de ma peau qui effleurent mes vêtements ? Sur mes jambes, sur mon ventre, sur mon dos, sur mes épaules ? Et revenir encore et encore, et encore, à ces sensations quand j'ai été distrait par une pensée, un bruit, un sentiment, un souvenir, une anticipation. Juste les sensations de mon corps tel qu'il est, là, en cet instant. Les sensations de mon souffle qui va et vient à son rythme. Est-ce que j'observe des endroits de mon corps plus tendus, plus resserrés, plus crispés, plus douloureux ? Est-ce que je peux m'y relier en étant attentif à ne pas créer d'associations d'idées, de représentations du mental : « Ah oui, mais là j'ai mal, j'ai l'habitude, c'est toujours comme ça quand je suis fatigué, quand je suis tendu, quand je suis épuisé, quand je suis agité, j'en ai marre de souffrir, je ne supporte plus… ».

Non, juste sentir les endroits contractés par la tension, par le stress, par mes peurs, mes préoccupations. Par le poids de la vie. De ma vie. Quelques fois ce sont des raideurs dans le cou ou des crispations dans la nuque, des sensations de tête lourde ou des tensions dans les épaules, des douleurs dans le dos. Est-ce que je repère une oppression au niveau du plexus solaire, un resserrement ? Ou encore des crampes dans le ventre comme s'il y avait des nœuds inextricables ? Je peux percevoir tout type de sensations, les miennes, celles qui sont habituellement associées à mon anxiété, mes inquiétudes, ma colère, ma fatigue. Ce ne sont pas seulement des grands stress, ou des grandes tensions ou des grandes peurs. Chacun évalue le poids des choses de la vie. De sa vie. Certains nous paraissent très lourds, si lourds. Des confusions de sentiments, des tempêtes émotionnelles, des oppressions de tête trop pleine, des craintes irrationnelles ou très légitimes, des peurs du lendemain, des nostalgies douloureuses, des engagements insurmontables, des sentiments de solitude, d'abandon, la peur de ne pas être aimé, la fatigue d'être… Tout est à l'aune de qui nous sommes. Rien n'a de poids constant. Il n'existe aucune norme. Quel est l'endroit, quels sont les endroits de mon corps qui me signalent la présence de cette charge ? La mienne. Quel qu'en soit le poids. Déambulons dans notre corps et posons notre attention sur ces endroits qui crépitent, palpitent, se crispent, brûlent, qui nous font souffrir ou qui simplement signalent leur présence. Peut-être ressentirons-nous alors notre corps dans sa totalité, plus lourd, plus compact, plus intense. Plus présent. Voyons comment rester avec cette charge, sans rien avoir à changer et en laissant à distance les commentaires que notre mental ne manquera pas de faire. Juste, je ressens. J'accepte profondément tout ce qui est là, se trouve là, en cet instant. Parce que c'est là. Et que je le perçois.

Maintenant, avec ma respiration, j'observe si quelque chose peut se modifier. Je m'appuie sur mon souffle, sur son énergie, sa puissance. Dans un premier temps, je mets toute ma respiration dans le point de mon corps ou dans les points où je ressens la tension la plus saillante. Toute ma respiration. Comme si mon corps respirait à partir de ce point, comme si ce lieu de mon corps était le centre de toute ma respiration. J'inspire à partir de ce point, de ces points. J'expire à cet endroit, à ces endroits de mon corps. Toute la conscience de ma respiration focalisée, là. J'inspire, j'élargis mon inspiration qui part de cet endroit-là. J'expire, toute mon expiration dilate cet endroit. Je ne modifie pas mon souffle, je le place aux endroits où la charge, où les charges sont les plus importantes pour moi : charge émotionnelle, charge corporelle, charge mentale, peu importe. J'ouvre ma respiration à partir de cet endroit, j'ouvre mon espace de respiration dans ce point de mon corps. Je sens l'air qui entre, qui ressort de cet endroit-là et je reviens à cette respiration dès que des pensées m'en éloignent, sans me juger, parce qu'il est normal que mes pensées m'éloignent, c'est naturel. Je reviens à mon souffle, aux sensations de mon souffle, je peux maintenant ouvrir de plus en plus ma respiration à tous les endroits de mon corps ; ma tête, mon cou, mes épaules, mon dos, ma poitrine, mon ventre, mes fesses, mes cuisses, mes jambes, mes pieds, mes bras, mes mains. Tout mon corps inspire. Tout mon corps expire. La moindre partie. J'ouvre ma conscience, le souffle qui m'habite en cet instant, qui alimente la moindre de mes cellules.

Je peux sentir le souffle qui monte du plus profond de la terre parcourir tout mon corps. Toute l'énergie de la terre qui traverse mon corps jusqu'au sommet de mon crâne.

Je peux me sentir relié à tout l'espace qui est au-dessus de ma tête, à l'immensité du ciel, de l'univers. Et sentir le souffle qui pénètre en moi par le sommet de mon crâne, qui se propage dans tout mon corps.

Ce souffle qui balaye tout mon corps, de bas en haut, de haut en bas. Ce souffle infiltre toutes les parties de mon corps, ses plus infimes parcelles, tous mes organes. Ce souffle coule sur ma peau et remonte le long de ma peau. Ce souffle m'allège, il me permet de ressentir une nouvelle fluidité, de nouveaux espaces, de nouvelles possibilités. Retrouver la lumière. Ce souffle a peut-être transformé les douleurs de mon corps. Ce souffle fait de la place en moi, ouvre des passages, il me régénère, me relie à toute mon énergie vitale. Mon corps respire à l'unisson de notre humanité, en cet instant. Sentir ce souffle universel, ce souffle de la vie, ce souffle du monde.

Le mot hébreu pour « s'embrasser » signifie *respirer ensemble.* Là, juste là, nous sommes reliés à tous les êtres vivants qui respirent. Nous les embrassons dans notre respiration.

❧ *Au milieu de l'hiver, j'ai découvert en moi un invincible été.*

Albert Camus.

#J12

QUAND LE DÉSERT S'INVITE

Je m'installe dans le moment présent. Je porte mon attention à ma respiration, aux sensations de ma respiration, là, juste là.

Doucement, je peux toucher en moi les espaces de silence, les espaces de calme, tous les espaces de mon corps. Les espaces dégagés, les espaces où je peux voir loin, très loin. Les espaces qui me permettent d'étendre mon expérience, d'ouvrir grand, d'ouvrir grand mon cœur, d'ouvrir grand mon corps, d'ouvrir grand toute ma conscience. Les pensées, les émotions sont là, mais restent plus au loin. Je peux évoluer dans cet espace large, illimité, aux portes de mon immensité. Je l'associe à l'image du désert. L'infini du désert, le silence du désert. Cet endroit où rien n'apparaît à des kilomètres à la ronde. Tout est loin, très loin, très loin dans la brume comme mes pensées, comme mes émotions, très loin. Je suis là, au milieu du rien, au milieu du tout, plus rien n'a de limites, de frontières. Je peux sentir la densité, l'intensité de cette immensité dans laquelle je me trouve, dans laquelle je m'installe, juste là, juste maintenant. Je peux marcher, me promener, déambuler. Je peux sentir le sable sous mes pieds, le crissement du sable sous mes pieds. Je peux m'asseoir tout en haut d'une dune et contempler l'éternité. Je peux m'allonger et sentir mon corps qui épouse le sol, qui se love dans ce sable doux qui m'enveloppe, qui me soutient. Le ciel se déploie à l'infini, le soleil scintille sur le moindre grain de sable, peut-être aussi qu'un air léger, soyeux, caresse ma peau et que je peux sentir l'odeur du désert : cette odeur de rien, cette odeur de tout. Je peux rester là, me poser là, dans cet espace insondable que je peux ressentir dans mon corps, que je peux ressentir avec tous mes sens.

Le désert est là, en moi, autour de moi. Dans le désert, la vie existe toujours, des vies imperceptibles, des vies minuscules. Je ne vois rien, je n'entends rien, mais la vie est présente, l'immobilité mouvante. Je le sens.

Les couleurs changent, je peux ressentir l'impermanence. Lever de soleil, coucher de soleil. Ma perception change, tout est pareil. Ombre, lumière, contrastes, ballet d'ombres, de formes. Moments de fraîcheur, de chaleur. Je suis juste là, posé là. Maintenant.

Dans le désert, tous les déserts, il existe toujours un puits quelque part où je peux me désaltérer, me ressourcer. Le silence du désert n'est pas l'absence de quelque chose mais une présence plus dense, plus forte, une conscience plus large qui me permet d'accueillir pleinement tout ce qui s'offre à moi. Avec curiosité, ouverture. Avec toute cette conscience d'être, de ressentir, d'exister, de vivre, de respirer. Toute cette éternité du désert, cette douceur, ce mystère que je peux ressentir là, juste en moi. Maintenant. Ce silence du désert qui est la présence de tout, tout ce que je vis, tout ce que je suis.

Je ne suis jamais perdu dans ce désert, il y a toujours un endroit qui a pour nom « ici et maintenant ». Un endroit que je peux trouver facilement en me reliant à ma respiration. Parfois, dans nos vies, nous pouvons nous sentir perdus, agités, désorientés. Il me suffit de revenir aux sensations de ma respiration pour me recentrer, me réaligner, m'apaiser, me ressourcer, en me laissant porter par ma respiration, en pleine conscience de ma respiration. Lorsque je respire en pleine conscience, le reste disparaît pour un instant, une seconde, une poignée de secondes.

Lorsque je respire en pleine conscience, je peux me relier à cet espace dégagé en moi, toujours là, même si, dans nos vies, beaucoup de choses le recouvrent, l'étouffent. Mon espace intérieur qui reflète l'infini du monde, ce quelque chose, ce quelque part qui rayonne toujours en nous quand nous y sommes attentifs, quand nous avons l'intention de nous y relier, quand nous y posons le miracle de notre attention.

Et je peux ressentir que tout mon corps respire, qu'il vit, qu'il palpite, que mon enveloppe corporelle se modifie au gré de mon souffle, de façon subtile ou plus perceptible. Chaque inspiration est un cadeau. Chaque expiration est unique.

Je suis là, avec moi, en moi, dans l'éternité du monde.

J'ai toujours aimé le désert, on s'assoit sur une dune de sable, on ne voit rien, on n'entend rien et cependant quelque chose rayonne en silence.

Antoine DE SAINT-EXUPÉRY.

#J13

OUVRIR L'ŒIL ET LE BON !

Cet instant différent. Cet instant où je me pose à l'intérieur de moi. Tout peut se déployer, dehors, dedans. J'accueille tout ce qui est. Tout ce qui s'offre à moi en cet instant. Quoi que ce soit. Des bruits qui parviennent à mes oreilles, des pensées qui me traversent, des jugements qui apparaissent, des sentiments, des émotions, des sensations corporelles. Je suis là, j'accueille. J'accepte la présence de tout ce qui est, sans lutter contre, sans m'en détourner, sans me laisser emporter, sans fusionner. J'ai conscience de tout ce qui est là. Il y a tant de choses !

Je suis là, juste là, avec moi, avcc tout. J'ai conscience de mon souffle, je le touche, je suis lié à lui.

Je ne le juge pas. Je ne le contrôle pas. Je ne le modifie pas. Rapide ou lent, régulier ou non, court ou long, aucune importance. Je n'ai rien à réussir. Juste être en contact avec mon souffle. Juste ressentir son mouvement alterné. Ce mouvement du vivant. Je sais que mon corps n'a aucun effort à fournir pour respirer, il le fait naturellement, depuis le premier jour, pour toujours.

Maintenant, tranquillement, je porte mon attention sur mes lèvres, sur les sensations corporelles présentes dans mes lèvres, juste là, maintenant. Être attentif à toute sensation : la sensation de contact de mes lèvres, la chaleur, la fraîcheur, l'humidité, de légers fourmillements… J'essaye, du mieux que je peux, de porter un regard neuf sur les perceptions que me procurent mes lèvres, comme si je n'avais jamais ressenti quelque chose de similaire. Mes lèvres, une découverte sensationnelle, au vrai sens du terme.

Je commence ce voyage nouveau, ce voyage intérieur. Toute mon attention, mon regard est curieux de ce monde inconnu, de ce monde qui est là, tout en moi, tout au fond de moi. Dans les moindres recoins de mon être. De mon âme peut-être. Une curiosité malicieuse, sincère, comme celle d'un enfant qui découvre quelque chose pour la première fois.

Je peux ressentir mon cœur qui bat. Qui pulse. La sensation du vêtement que je porte sur ma peau. Une légère tension dans une partie connue ou non de mon corps. Le passage de l'air qui caresse l'intérieur de mes poumons, qui coule le long de ma gorge. Mon corps est le théâtre vivant de tant de sensations, de mouvements, de pulsations, de battements, de frémissement. Un orchestre à mille cordes. Un manège à sensations. Une toile aux nuances infinies. Ma vie. Toute ma vie. Il ne s'agit pas d'analyser ni de comprendre, mais de s'autoriser à embarquer pour ce voyage immobile, ce voyage de découvertes inépuisables. Éprouver. Éprouver tout ce qui se manifeste, tout ce qui est là. Et là. Et encore là !

Avec cette curiosité bienveillante en bandoulière, je peux aller à la rencontre d'une émotion comme un explorateur dans un pays inconnu. Nous pouvons être parfois étonnés ou émerveillés de certaines rencontres. Ici de la tristesse, ou de la colère, de l'inquiétude. Là, de la joie, du calme. Dans ce coin, cachée, une peur. Quoi que ce soit, j'accepte d'entrer en contact. Je m'engage à regarder de près, comme un entomologiste avec sa loupe immobilisée sur un insecte. Un insecte minuscule. Où se situent cette émotion, ces émotions ? Quelles sensations corporelles me procurent-elles ? Des pensées y sont-elles associées ?

J'ouvre grand mes sens pour accueillir ce qui s'offre à moi. Tout ce qui s'offre à moi. Puisque c'est comme ça en cet instant. Je reste du mieux possible présent, attentif, amusé de mes découvertes inattendues. Étonné, émerveillé. Mon regard intérieur me réserve tant de surprises !

Être curieux de tout ce que je peux découvrir en moi, c'est aussi accepter de nouvelles rencontres avec des parties plus intimes de moi-même. Plus cachées. Parfois plus sombres.

Je peux sourire doucement à chaque rencontre. Accepter. Accueillir. Autoriser. Et ressentir l'apaisement que cela me procure. Sourire à son inquiétude. Sourire à sa joie. Sourire à sa tristesse, à sa peur. Sourire à sa culpabilité, à sa honte. Sourire permet d'entrer en amitié sincère avec ce qui, souvent, trop souvent, nous fait peur.

Porter ce regard neuf sur ce qui est en moi, c'est aussi s'ouvrir à de nouvelles expériences. Et expérimenter ou découvrir l'impermanence. Rien ne dure jamais vraiment. Je ne m'attache à rien, comme un papillon qui volette, s'éloigne, puis se pose sur une fleur et repart en butiner une autre. La curiosité crée en moi cette ouverture inédite. Mon attention soutenue, attentive, aiguisée m'offre un paysage plus vaste, un panorama plus varié, coloré, mouvementé, soyeux où se côtoient tant de choses. Toutes ces choses qui sont là, en moi, et que je surprends, instant après instant. Toutes ces choses qui m'échappent dans ma vie au quotidien, dont je n'ai aucune conscience, qui me sont inconnues, étrangères. Des parts sombres, piquantes, douloureuses peuvent côtoyer en moi des parts plus lumineuses, plus colorées, plus pétillantes, plus joyeuses, plus espiègles.

La curiosité a ce pouvoir magique d'aiguiser nos sens. Tout apparaît sous le faisceau de ma conscience, de mon attention. Tout devient visible, perceptible, incarné. En découvrant mon paysage intérieur, je peux m'accepter tel que je suis. Tout est bien. Tout est moi, quels que soient le passé, la situation du moment, les événements à venir. Je suis là, juste là, instant après instant.

Avec ce regard neuf, ouvert, curieux, tout existe. Je le sens. Je le ressens en moi, pleinement.

Nous sommes tout ce que nous vivons.

Le véritable voyage de découverte ne consiste pas à chercher de nouveaux paysages mais à changer de regard.

Marcel Proust.

#J14

LA GRATITUDE, MAGIE DE LA VIE

Prenons le temps de nous installer. Nous poser. Nous déposer. Le temps comme écrin de ce qui vient.

Alors, tendrement, je peux laisser monter en moi le murmure encore fragile de la gratitude. Il s'approche. Il se fait plus perceptible. J'en perçois les vibrations, l'écho, la résonance. La gratitude prend toute son ampleur. J'en discerne ses contours, sa forme, sa chaleur. Je la sens s'infiltrer dans mon corps, doucement. Dans mon cœur, timidement. Elle est là, je suis là.

Se relier à ce sentiment incroyable de gratitude. Ce sentiment vertigineux. Nous devons tant aux autres, à la vie. Nous devons tant à autrui. Nous devons tant à la nature. Nous devons tant à ce lien humain qui nous unit si fort les uns avec les autres. Ce lien invisible mais toujours présent. C'est bon d'en être conscient, d'en être reconnaissant, de pouvoir éprouver ce merci, ce merci du cœur, du très profond de notre cœur. Merci d'être là, merci de ce que tu as fait pour moi, merci pour cet éclat de rire, merci pour ta présence, merci de m'avoir donné la vie, merci à la vie qui me permet d'exister, merci à mon corps qui me permet de vivre. Merci au printemps qui se déploie et nous offre ses fruits, ses fleurs, sa végétation, ses bruits, son renouveau, la vie. Merci au boulanger qui a fait le pain, au transporteur qui a apporté la farine, à l'entreprise qui a broyé le blé, à l'agriculteur qui l'a cultivé, au soleil, à la pluie qui lui ont permis de pousser. La chaîne du vivant. Merci pour cette main tendue, toi qui étais un inconnu mais qui m'as pourtant aidé. Merci pour ce moment que nous avons partagé.

Je laisse de la place en moi pour accueillir, pour ressentir, pour éprouver. Juste se relier aux sensations. À cette émotion vibrante de la gratitude. Dans mon corps. Dans mon cœur. Et relier ces sensations à mon souffle. J'expire, j'exprime ma gratitude. J'inspire, je reçois de la gratitude. Ma respiration crée ce lien précieux.

Mon cœur grand ouvert palpite au rythme de mon souffle. Donner, recevoir. Encore et encore. Reconnaître profondément tout ce qu'on a reçu. La gratitude est un lien d'amour.

Et si nous nous accordions aussi de la gratitude ? Se remercier d'être. Se remercier de s'accorder ce temps. Ce temps précieux qui m'ouvre au monde, qui me rend perméable au monde. Ce temps que je gagne en m'arrêtant et qui me permet de me sentir plus présent aux autres. Ce temps que je m'offre pour me ressourcer et avoir à donner, à partager. « Donner pour donner. C'est la seule façon de vivre. C'est la seule façon d'aimer. »

Si parfois des pensées vagabondes, des émotions emmêlées nous éloignent vers le passé, vers le futur, nous revenons doucement à l'expérience de la gratitude. Ce sentiment qui se dilate en nous. En cet instant. Dans ce présent. Ce cadeau présent porté par mon souffle, mon souffle vivant.

J'inspire, j'ouvre grand mon cœur au sentiment de gratitude, je m'emplis le cœur de gratitude. J'expire, je transmets ces mille mercis, cette gratitude infinie. Cette source de plénitude qui se renouvelle sans cesse. À chaque instant, nous pouvons dire merci, nous pouvons le ressentir, ressentir tout ce que l'on doit aux autres. Reconnaître ce que l'on doit nous grandit, fait grandir notre cœur, notre lien, notre humanité, fait grandir notre vulnérabilité. Juste humains. Juste besoin les uns des autres. Depuis le premier jour. Pour toujours.

Autorisons-nous à exprimer cette gratitude, à la laisser rayonner, se diffuser. Autorisons-nous, dans nos vies, à l'exprimer à ceux que nous aimons, ceux qui nous sont proches, mais aussi aux plus lointains, aux inconnus.

Laissons s'épanouir un sourire. Juste là. Juste maintenant. Un sourire qui dit merci. Un sourire intérieur, un sourire qui se dessine sur nos lèvres. Un sourire qui contient toute notre gratitude, tout notre amour.

Nous pouvons aussi poser ce sourire sur notre cœur, pour qu'il palpite à l'unisson. Pour le garder bien au chaud, avec tendresse, avec douceur. Pour dire merci à la vie, celle à qui je dois tout. Celle à qui je dois ma vie. Notre vie. Merci.

❧ *La gratitude se réjouit de ce qu'elle doit quand l'amour-propre préférerait l'oublier.*

André Comte-Sponville.

#J15

PLUS HAUT, TOUJOURS

La présence se vit, se ressent. Cet instant du moment présent qui est tellement éphémère si je ne lui offre pas toute mon attention.

À chaque inspiration, à chaque expiration, je m'enfonce un peu plus dans mon intériorité, dans cet espace, dans ces espaces à l'intérieur de moi où je peux me centrer, où je peux m'apaiser, où je peux me ressourcer. Je me pose dans ces endroits en moi toujours disponibles pour m'accueillir, pour m'offrir de la tendresse, de la douceur. Je peux ressentir cette douceur, l'expérimenter. Cette douceur de l'instant présent. Ce moment qui m'appartient parce qu'il est là et que je peux m'y relier.

À chaque nouvelle inspiration, j'ouvre le champ de ma conscience. Je peux l'élargir, comme si je respirais dans un espace plus grand que moi, dans un espace plus vaste, qui me dépasse. Cette immensité qui se déploie loin, loin de mon corps physique. Mon champ de conscience n'a pas de limite. Il peut s'ouvrir, se dilater, pour embrasser le monde tout autour de moi, pour monter dans les étoiles. J'ouvre très grand mon cœur, j'ouvre mes cellules, j'ouvre ma respiration, pour être en contact avec cette immensité. Je monte, je monte au-dessus de tout. Ma conscience s'élève.

Est-ce que je peux aussi sentir la texture de l'espace en dessous de moi ? Tout cet univers auquel j'appartiens, cet univers qui m'entoure, cet univers qui m'enveloppe. Je fais partie de l'espace. Je suis l'espace infini. Je suis partie intégrante de cet univers. Avec cette sensation de ma conscience qui s'élargit tellement, tellement, au-delà de moi. Tellement plus haut, tellement plus loin, tellement plus bas, tellement plus large.

Je me sens porté par la densité de l'univers. Je peux m'y sentir doucement ballotté, de gauche à droite, de haut en bas. Tout est léger. Ma conscience est fluide, toujours fluide. Elle n'est pas enfermée dans mon corps, elle est bien au-delà de mon corps. Elle est constamment liée, reliée, à tout ce qui vit, à tout ce qui est. Je peux me laisser bercer par cet univers qui me porte, qui m'emporte, qui peut me faire doucement dériver alors que je reste solidement ancré dans ce moment présent. Ressentir la force de ce qui me relie à l'instant et la possibilité de voyager avec ma conscience, d'aller bien au-delà de moi et de rencontrer tous les autres, d'être en lien profond avec tous ceux qui partagent cette humanité. J'existe parce que j'en fais partie. Je vis parce que je suis relié à cette humanité, parce que je suis en lien constant avec les autres, avec tous les autres, avec toute la conscience des autres. Je vis parce que je suis dans un bain de conscience universelle qui me dépasse, et qui en même temps m'habite. Je peux la ressentir dans mon propre corps. Je peux la ressentir au-delà de mon corps. Dans la clarté du jour, dans l'ombre de la nuit.

En moi existent des parts d'ombre et des parts de lumière comme dans l'univers. Quand je suis dans le cosmos je peux expérimenter la nuit et le jour. Il y a toujours de la lumière quelque part, de la clarté, du jour. Il y a toujours de la nuit dans un coin du monde. Je peux traverser cette obscurité pour retrouver la clarté. Je peux expérimenter toute la richesse que m'offre mon univers intérieur, l'infini de cet univers intérieur. L'infini. Je peux m'y promener, m'y laisser caresser, m'y faire bercer, peut-être éprouver à la surface de ma peau les textures du jour, les textures de la nuit, de l'air, le rayonnement des étoiles, de la terre, des planètes, des astres, la présence des autres, tous reliés dans cette vaste humanité. Comme un voyage au-delà de mes frontières, bien ancré dans mon corps, la conscience dans les étoiles. Relié corps et âme avec ce que je vis dans cet instant, relié corps et âme avec l'âme du monde.

> *Si vous gardez les poings fermés vous n'obtiendrez que quelques grains de sable. Si vous ouvrez les mains, vous obtiendrez tout le sable du désert.*
>
> Eihei Dogen.

#J16

ACCEPTER, C'EST VIVRE PLUS GRAND

Je peux me relier à ma respiration pour me recentrer, pour m'aligner, pour m'apaiser, pour me ressourcer, pour me stabiliser dans l'instant présent sans être emporté par l'agitation extérieure, par mon tumulte intérieur.

Méditer, c'est créer du lien, du lien avec soi-même et du lien avec autrui, avec les autres, avec tous les autres qui vivent, en cet instant. Ressentir une présence plus vaste, plus large. Une présence qui embrasse tout.

Tranquillement, nous allons nous engager dans l'acceptation de ce qui est. Une acceptation active, courageuse, vivante. Il ne s'agit pas de résignation passive, de résignation qui alourdit. Non ! Accepter, c'est reconnaître que c'est ainsi. Je ne subis pas. J'ai conscience de ce qui est, de ce que je peux éprouver. De tout ce qui est là, en moi, maintenant. J'ouvre ma conscience pour accueillir. Tout. Pour faire de la place. À tout. Ce que j'aime, ce qui me blesse, ce qui ne me convient pas, ce que je voudrais changer, ce qui me fait du bien… Accepter, c'est dire oui. Oui, c'est comme ça, en cet instant, et je l'observe avec attention. Je m'engage dans cet accueil inconditionnel. L'acceptation nous aide à baisser progressivement les pressions, les tensions que, précisément, nous subissons. Accepter et reconnaître ce qui est là, sans lutter contre, nous permet progressivement d'avoir plus de visibilité, de clarté, de lucidité sur ce qui parfois nous blesse, nous inquiète, nous fait souffrir. C'est en regardant, en face, avec bienveillance, mes difficultés que je peux petit à petit entrevoir des solutions, des actions à entreprendre. Nous sommes parfois dans des stratégies d'évitement ou de déni. Ne rien voir. Nous n'acceptons pas d'aller au contact de ce qui est pénible pour nous. Pourtant c'est avec ce contact, dans ce contact apaisé qu'un choix devient possible. Un espace plus grand s'offre alors à nous. Un champ de nouveaux possibles. Nous consacrons une énergie considérable à vouloir que les choses soient différentes de ce qu'elles sont. L'acceptation me permet d'utiliser cette énergie, ces énergies, de façon plus active, plus constructive, plus claire. Accepter ne signifie pas être d'accord avec ce qui est là mais juste reconnaître que c'est là. Tellement de choses insupportables existent en nous. Tellement de choses inadmissibles existent autour de nous. Je reconnais que c'est là et je ressens ce qui se passe en moi. Je laisse de la place aux émotions : colère, tristesse, peur. Ces émotions que j'apprends doucement à reconnaître, à accueillir, à poser. Ces émotions qui sont autant de forces de vie pour me mettre en mouvement. Cette démarche courageuse vers l'acceptation est parfois contre-intuitive. Elle est pourtant tellement riche ! Elle m'offre tant de possibilités nouvelles pour traverser des situations difficiles, des moments compliqués, douloureux. Vivre l'acceptation, c'est aussi expérimenter l'impermanence. Observer que tout va, vient, puis repart comme un oiseau qui s'en va et revient. Tout est bien. Tout passe, tout revient. La méditation nous emmène sur ce chemin de sagesse. Tout est là, tout s'en va.

Je peux choisir quand je suis libre, libre dans ma tête, libre dans mon cœur. Je peux choisir quand j'accepte. La vie telle qu'elle est, ma vie telle qu'elle va.

Puissé-je avoir la sérénité d'accepter les choses que je ne peux pas changer, le courage de changer les choses que je peux et la sagesse de les distinguer l'une de l'autre.

MARC AURÈLE.

#J17

L'ATTENTION, MA LUMIÈRE DE VIE

Chacun son rythme. Chacun sa posture. Le rythme de son souffle. Pour se poser, se déposer, se reposer dans cet écrin de l'instant présent. Dans l'expérience de ce moment, juste ce moment-ci, là, juste maintenant. Être présent à ce que nous vivons dans notre corps. Être présent à ce que nous ressentons, à ce que nous éprouvons. Présent à ce qui nous entoure. Être attentif aux sensations qui se déploient dans chaque partie de mon corps, les plus connues, les plus subtiles, les plus imprévues. Aux moindres sensations, au plus petit frémissement, au plus infime des mouvements. Dans mes pieds, mes jambes, mon bassin, mes bras, mon buste, mon ventre, mon dos, ma nuque, mon cou. Sans rien chercher à modifier. Juste observer. Avec curiosité, surprise parfois. Tiens, que se passe-t-il par ici ? Et par là ? Dans ma tête ? Ou plutôt dans l'espace de ma boîte crânienne, cet endroit que j'explore si peu ? Cet espace qui abrite mes pensées, mes émotions, ma conscience. Est-ce que je peux en percevoir le volume ? Sentir mon crâne qui respire ? Oui, lui aussi respire ! Lui aussi bouge imperceptiblement à chaque respiration, parfois avec son rythme propre. Pouvons-nous être attentif à cette respiration ? Être curieux de cette sensation ?

Nous pouvons élargir encore et encore notre attention. Tout inclure : notre corps, dans son ensemble, dans chacune de ses parties, l'état d'esprit du moment, nos impressions, nos émotions. Être attentif à tout ce que nous expérimentons, en cet instant, à tout ce qui vit en nous, en cet instant. Dans la méditation, il ne s'agit pas de se détendre mais d'être attentif à tout ce qui se passe. Avec bienveillance. Sans rien trier. Rien n'est bien, rien n'est mal. Tout est, tout existe. Je peux me blottir dans cette boule d'attention, dans la luminosité de cette présence, une présence pleine, une présence intense. Quelles que soient mes pensées, même les plus incisives, quelles que soient mes émotions, même les plus piquantes. Cela ne change rien à la qualité de ma présence. Tiens, cette pensée ! C'est OK, je reviens. Dans ce petit coin, je trouve telle émotion, je ne le savais pas, je reviens. Encore une pensée, un peu la même, je la regarde tranquillement et je reviens, je reviens à ma présence avec toute mon attention. Nous le disons quelquefois dans la vie : « Avec toute mon attention. » Le vit-on vraiment ? Est-on vraiment pleinement attentif à ce moment-là ?

Dans cet instant de présence engagée, je peux cultiver cette attention nouvelle, cultiver cette présence avec mon corps ouvert, mon cœur ouvert, ma conscience ouverte. Être attentif, ouvrir, ouvrir. Être attentif, c'est ça qui change tout. La méditation évolue comme les battements d'ailes d'un oiseau en plein vol. Être attentif, ouvrir. Être attentif, ouvrir. Être attentif, ouvrir encore et encore. Être attentif, pleinement attentif, pleinement présent. Je suis là, je le sens, je le sens vraiment. J'accueille tout, j'accepte tout. Tout peut être contenu dans ce concentré de présence, d'attention, d'amour. Tout peut briller parce que j'en prends soin. Être attentif, c'est prendre soin. Prendre soin de soi, prendre soin des autres, prendre soin de la vie. L'attention est mon arme secrète qui transforme tout, qui transforme le plomb en or. L'attention est alchimique. Dans ma vie, je peux revenir, à chaque fois qu'il est nécessaire, à ce concentré de présence, à cette boule de présence, à cette incandescence d'attention. Et me sentir profondément aligné dans ce que j'accomplis, dans ce que je pense, dans ce que je ressens dans ma relation aux autres. Quand je suis dans cette attention ouverte, mon énergie se déploie, mon amour irradie. La force de mon amour sur laquelle je peux m'appuyer pour y puiser les ressources dont j'ai besoin à chaque instant, à chaque instant de ma vie. Le pouvoir de l'attention qui illumine tout ce qu'elle touche. L'attention nous libère de nos prisons souterraines. L'attention, c'est de la présence incarnée.

L'attention pose et clarifie l'esprit.
La présence l'ouvre et le libère.

Fabrice Midal.

#J18

LE TEMPS DURE LONGTEMPS

Conscience de notre respiration telle qu'elle est. Sans rien changer. Le souffle qui est là. Ce souffle qui marque la ligne du temps, la ligne du temps présent. Ce souffle-là, juste là. Ce souffle nous permet d'inscrire ce moment entre l'avant et l'après.

Ce moment si éphémère lorsque on n'y pose pas notre attention. Ce temps si léger, si fluide, si éthérique. Le temps d'un instant. Le temps de cet instant. Le temps vécu. Le temps que je suis en train de vivre qui n'est pas le temps des horloges. Ce temps peut perdre ses contours. Il peut s'étirer, se dilater, devenir parfois une sensation d'éternité. Le temps ressenti dans le tempo de notre corps, dans le battement de notre cœur. Ce temps qui nous appartient à chacun. Ce temps qui ne veut rien dire et dans lequel nous pouvons nous installer, nous prélasser, nous faire dorloter. Ce temps qui est à nous, juste là, maintenant. Quelles que soient les pensées, les émotions qui viennent, je les laisse passer, je les laisse s'envoler. Je les laisse partir dans leur propre temporalité. Là, je suis dans mon instant, dans ma ligne de temps.

Seul le présent est disponible. Le temps présent est un cadeau, le cadeau que je m'offre. Ce temps fragile, précieux. Le temps est aussi profondément relié à nos émotions. Le temps émotionnel. Un instant de peur peut nous paraître une éternité ; un moment de joie, beaucoup trop fugace. Nous sommes parfois pressés, oppressés, alors que le temps nous appartient lorsque nous sommes pleinement reliés à l'instant présent, à l'instant vécu. Relié à l'instant présent, à ce temps qui est là, mon temps, je peux en ressentir la texture, la dimension, la densité, la sagesse. Toute ma sensation d'exister est contenue dans ce temps absolu.

Le temps du moment présent n'a pas de frontière, pas de limite. Le temps du moment présent peut se dilater à l'infini, prendre toutes les formes et nous pouvons en éprouver mille et une sensations. Le temps est une perception. Notre temps intérieur.

Avec notre souffle qui va et vient, qui nous faire ressentir cette intensité, cette profondeur. Encore et encore. Je peux m'installer dans ce temps qui s'ouvre. Là, maintenant. Ce temps qui est mon temps. Je peux entrer en communion avec cette sensation intime que je suis en train de vivre et qui pourtant n'existe pas. Cet instant qui peut m'emmener très loin dans ma ligne du temps, dans les profondeurs de ce que je suis, dans l'infini de ce que je suis, de ce que je vis. Me faire porter par cette ligne de temps qui existe sans exister, qui n'existe que parce que je le vis, que parce que je le ressens.

Notre mental nous emmène souvent vers le passé, ce passé révolu. Il nous emmène souvent vers le futur, le futur incertain. Se relier à notre respiration nous permet de nous placer dans l'instant présent, de laisser l'espace de cet instant grandir, se dilater, rayonner.

Le temps présent est le seul qui nous appartient, l'instant d'après n'est déjà plus à nous. Le temps présent est le temps de ma liberté. C'est seulement dans l'instant présent que je peux choisir, décider, agir. Là, juste là, maintenant.

Il y a deux jours dans l'année
où l'on ne peut rien faire : hier et demain.

Le dalaï-lama.

#J19

NOUS SOMMES PLUS GRANDS QUE CE QUE NOUS RESSENTONS

Je suis porté par mon souffle, relié à mon souffle, posé au creux de mon souffle. Je ressens chaque mouvement de ma respiration, chaque variation de mon corps, chaque palpitation de mon cœur.

Le flux, le reflux, le bercement, la douceur, l'apaisement. Alors, tranquillement, je peux laisser venir à moi un moment, une situation, un événement, où je me suis senti bien, heureux, reconnu, aimé. Grand. Très grand. Peut-être un moment récent ou plus lointain, plus ancien. Il ne s'agit pas de penser à ce moment, mais de laisser une image, des images, parvenir à ma conscience. Un paysage, un lieu, un visage, des visages. Juste accueillir ce qui se présente à moi, en relation avec ce moment particulier, que j'ai vécu et qui est toujours inscrit dans mon corps. Je laisse de la place en moi pour ressentir, pour éprouver les jaillissements d'émotions, les explosions de sensations corporelles. Je laisse vraiment de la place, toute la place à ce visage, ces visages, ces couleurs, ces odeurs, ces bruits, ce lieu, ce moment… Tout brille et scintille en moi. Tout est illuminé. Cette situation redevient vivante. Elle s'installe en moi. Je m'autorise à vivre pleinement tout ce qui surgit. Ce moment existe, il fait toujours partie de moi. Rien ne pourra le faire disparaître. Je peux ressentir cette joie, ce bien-être, cette satisfaction, ce plaisir, peut-être cette fierté. Tout ce bouquet d'émotions vécu dans ce moment privilégié. Un moment où mon ancrage était total, où ma joie d'être était incarnée. Un éclat de bonheur fou. Une intensité particulière, une présence totale, une chaleur émotionnelle. Doucement, je relie ce que j'éprouve à mon souffle. Je laisse mon souffle diffuser en moi cette énergie heureuse. Toutes les particules de joie qui pétillent dans chacune de mes cellules. Toute la douceur qui s'infiltre sous ma peau, dans ma chair.

Parfois, dans nos vies, nous pouvons nous sentir fragiles, perdus, découragés. Nous avons égaré notre majesté intérieure. Nous sommes plus grands que ce que nous ressentons. Nous avons toujours plus de richesses que ce que nous croyons. Nous avons des trésors d'amour que trop souvent nous ignorons. Des milliers de possibles. Nous pouvons, à chaque instant de nos vies, nous relier à cette force cachée, à ces ressources insoupçonnées, à ces talents secrets. Notre temple sacré. Nous pouvons aller rechercher ces trésors inépuisables au fond de nous, accumulés dans ces moments où nous nous sommes sentis exister tels que nous sommes, en nous acceptant tels que nous sommes. J'inspire, je ressens que j'inspire. Je le ressens vraiment, j'expire, je le sens. Ma respiration est le chemin de la pleine conscience. Je ne suis jamais perdu lorsque je respire en pleine conscience. Mon souffle me permet d'accéder à ces ressources en moi, à ces moments extraordinaires que j'ai pu vivre, à ces sentiments profonds de bonheur, de satisfaction, d'accomplissement qui sont indélébiles.

Je peux m'émerveiller. Je suis moi, et plus encore. Je peux m'émerveiller de la vie, d'être en vie. S'émerveiller, c'est garder pour toujours son âme d'enfant.

On peut s'émerveiller de voyages, de paysages, de la mer, de la montagne et on passe le plus souvent à côté de soi sans s'émerveiller.

Saint AUGUSTIN.

#J20

EH BIEN CHANGEZ MAINTENANT !

Hop, hop, hop ! vous vous installez comme d'habitude ?… L'habitude nous joue des tours… Alors cette fois-ci, on change ! On s'installe ailleurs, on se pose autrement, on teste une autre pièce, on reste debout, on s'allonge, on tourne le dos à la fenêtre, ou on lui fait face… Vous comprenez l'idée. Chacun chez soi, chacun dans sa vie, chacun dans son environnement, chacun avec ses possibilités, avec ses envies… On change ! Un vrai changement que l'on puisse ressentir. Changeons, inventons, osons et vivons cette expérience. Regardons notre vie intérieure autrement !

J'ouvre tout l'espace de mon corps, l'espace de mes sensations, l'espace de mes perceptions corporelles pour vivre pleinement cette expérience du moment. Alors ? Est-ce que je peux surprendre de nouvelles sensations ? Que m'a apporté ce changement ? Qu'est-ce que je découvre dans mon corps de nouveau, d'inattendu, de différent, d'amusant ou de désagréable ? Ou d'incroyablement doux ?

Dans le choix que j'ai fait de changer, qu'est-ce que je ressens dans mes pieds ? Et là, dans mon dos, dans mes épaules ? Et mes bras, mes bras qui sont posés différemment, qui sont peut-être allongés, mes mains qui peut-être se touchent alors que je n'en ai pas l'habitude, ou qui sont en contact avec une texture inhabituelle ? Que se passe-t-il, là ? Quelle est cette sensation ? Cette nouvelle perception ? Nous pouvons être très attentifs. Très attentifs à une de nos grandes habitudes de vie, celle que nous adoptons face à une situation désagréable. Spontanément nous nous éloignons, nous évitons, nous cherchons à modifier quelque chose, à faire autrement.

Juste là, juste maintenant, si je rencontre un endroit qui tire, qui pique, qui brûle, parce que je suis dans une autre posture, j'observe avec tendresse ce réflexe de mon corps qui va tout de suite chercher à bouger. Pour me remettre dans une position plus habituelle, pour en explorer une plus confortable. Juste prendre conscience de la réaction immédiate, de l'impulsivité à agir. Juste prendre conscience de la réaction du corps, dans mon corps. Quand j'en prends conscience alors je peux choisir. Choisir de changer ou choisir de continuer l'expérience malgré les manifestations corporelles déplaisantes. Choisir une position qui sera mieux pour moi, qui sera plus douce, plus fluide. L'entraînement à la présence nous permet d'avoir cet éclat de conscience où on voit la pensée qui nous assaille, l'émotion qui nous emporte, le mouvement impulsif qui va nous faire bouger, c'est ça la conscience. On ne peut pas toujours être conscient de ce qui se passe dans notre tête, dans notre cœur, mais l'entraînement à la pleine conscience nous donne une immense lucidité sur ce que nous vivons, au moment où nous en avons besoin. Pas tout le temps, ça serait épuisant, stérile, inefficace. Nous ne sommes pas retirés dans un monastère, nous sommes dans nos vies et il est important de nous sentir dans nos vies, pleinement dans nos vies.

Plus on est conscient, plus notre conscience est ouverte. Plus on voit, on entend ce qui nous entoure, plus on entend, on voit, on écoute ce qui se produit en nous. Plus on est libre, moins on est soumis à des pensées qui vont entraîner des comportements automatiques, moins on est soumis à une émotion qui va nous faire réagir toujours de la même façon ou à une habitude qu'on ne repère même plus. C'est ça, l'invitation de la pleine conscience.

Voyager au pays de son corps. Voyager dans tous ses replis. Nous avons tant à découvrir. Tant de recoins que nous ne soupçonnons même pas. Tiens ! Et nos coudes ? Que ressentons-nous ? Est-il courant de ressentir ses coudes pourtant soumis à mille mouvements tous les jours ? Est-ce que je peux entrer avec ma conscience à l'intérieur des sensations qui se sont logées dans mes coudes ? Il peut être amusant de réaliser que très vite notre mental s'en mêle et que nous réfléchissons à l'anatomie du coude, « Merci mon mental ! Mais pour l'instant je vais seulement ressentir. Quand j'aurai besoin de toi je reviendrai à toi. » Peu importe que nous ne sachions rien de l'articulation des coudes, des muscles, des os, des veines, des tendons qui s'y trouvent. Seul ce que nous ressentons est important. Quoi que ce soit. C'est tellement peu habituel de ressentir ce qu'il se passe dans un coude ! Et mes mollets ? Il y a probablement une sensation inconnue dans mes mollets. Une absence de sensation ? C'est une sensation aussi ! Et le bout de mes doigts ? Ou même mes ongles ? Je suis curieux de m'aventurer, de découvrir des perceptions insolites. Y a-t-il vraiment des sensations dans les ongles ? Peut-être. Peut-être pas, peut-être que oui.

Nous pouvons explorer, encore et encore. Nous amuser avec ce corps tellement connu et si inconnu. Il n'y a rien à obtenir, rien à réussir. Il y a juste à vivre.

J'inspire, quelle que soit ma position du moment, je perçois l'air qui gravit mes vertèbres une à une, qui s'élance vers ma nuque, arrive en haut de mon crâne et redescend comme une cascade jusqu'au bas de mon dos. Et qui remonte à son rythme, redescend, remonte, au fil de mon souffle.

Et puis je reviens doucement à la perception de l'ensemble de mon corps, dans la position peut-être farfelue dans laquelle il se trouve, la position originale, la position du jour. Peut-être une forme d'habitude s'est mise en place et les perceptions ont déjà évolué. Le corps est tellement malléable, tellement plastique, notre cerveau a de telles capacités d'adaptation. Peut-être est-ce moins bizarre, moins inconfortable, peut-être est-ce devenu plus agréable. Ou rien, juste rien et percevoir ce rien. Tout mon corps, mon corps qui respire en cet instant. Toutes les parties de mon corps. Avec cette curiosité débordante qui m'a ouvert la voie royale de ce voyage inédit au pays de mon corps. Changer de perspective, un monde nouveau se déploie.

❧ *On ne se baigne jamais deux fois dans le même fleuve.*

HÉRACLITE.

#J21

TOUT MON MONDE DANS UNE BULLE

Nous pouvons prendre le temps de ressentir ce dont notre corps a besoin comme posture, comme assise, là, pour ce moment-là, et nous installer dans ce corps, notre temple secret, notre temple sacré. Ce temple où nous pouvons nous recueillir, ce temple où nous pouvons remercier. Remercier d'être là, au diapason du monde. Et nous relier à nous-même, à ce qui est en nous, à ce que nous sommes, sans se poser de questions sur qui nous sommes. Juste ressentir les sensations du moment. La valse des pensées, l'agitation de la journée qui a encore un peu de mal à se dissoudre, à s'évaporer. Peut-être aussi une farandole d'émotions qui essaie de nous prendre par la main pour nous entraîner ailleurs. Tellement de choses se passent en nous à chaque instant, tellement de choses. Là, nous avons la possibilité infinie d'observer, de contempler, au sens d'observer attentivement tout ce qui est là, tout ce que notre corps nous permet de ressentir. Avec le va-et-vient du souffle. Le rythme doux de la respiration, le rythme de la vie qui bat en moi. La douceur du calme qui monte peu à peu.

Pour m'aider, je peux visualiser, imaginer, une bulle translucide. Comme une bulle de savon. Une bulle qui serait provisoirement posée là où je suis et dans laquelle je me trouve. Une bulle cristalline, limpide, légère. Je sais que le monde est autour de moi, je sais que la vie dans laquelle je suis engagé est autour de moi, elle est là. Je sais que mon mental, mes pensées, mes émotions, mes sentiments, mes préoccupations sont là, à virevolter. Mais pas dans ma bulle, au-delà. Dans cette bulle, il n'y a que moi. Il n'y a que moi calmement posé là, protégé par sa fine membrane élastique. Certaines choses vont tenter de s'approcher de moi mais rebondiront doucement sur les parois de ma bulle, ma bulle souple mais solide à la fois, très solide. Cette bulle dans laquelle se trouve toute l'essence de ma vie, mon sentiment d'humanité, ma lumineuse vulnérabilité. Je suis en sécurité dans cette bulle qui est moi. Je suis en sécurité dans cette bulle de vie même si je sais qu'elle est éphémère, qu'elle s'évaporera et que je repartirais dans ma vie, dans la vie. Mais je sais aussi que cette bulle est toujours là en moi et que dans les tourments, les tempêtes, les moments de grand vent, de pluie, de tristesse, je peux aller m'y réfugier parce qu'alors tout ce qui se passe à l'extérieur rebondira sur ma bulle et ne m'atteindra pas aussi durement que si je n'étais pas protégé par elle. Je peux bouger à l'intérieur, me sentir bouger. Je ne bouge pas avec mon corps de la réalité mais avec celui qui est en apesanteur dans cette bulle. Je peux toucher ses parois, rebondir moi-même sur ces parois transparentes qui ne me coupent pas du monde mais qui me permettent de le voir autrement. Ces parois qui m'offrent un espace de calme, de sérénité, de sécurité. Relié, très fort, à mes ressources. Très fort parce que je touche à mon humanité quand je suis au cœur de moi-même. Plus je suis près de moi, plus je suis fort. Plus je suis dans l'intime, plus j'ai de puissance, de puissance de vie, de puissance de vivre, de sentiment d'exister, d'habiter ma vie, de ne pas être à côté. Dans cette bulle, je peux tout ressentir, je ne suis pas séparé du monde mais pleinement au cœur du monde, au cœur de moi.

Doucement, cette bulle peut se déplacer, circuler dans mon corps, dans les différentes parties de mon corps. Je peux m'amuser à en ressentir le contact comme si cette bulle était aussi l'une de mes milliards de cellules, chacune avec son noyau vital. Et laisser remonter cette bulle, peut-être avec toutes celles qui y sont maintenant associées, comme autant de témoins de notre vie, de notre vie si vivante. Les laisser s'élever puis jaillir, éclater, en nous offrant la plénitude que nous venons de vivre.

❧ *Si nous habitons dans un éclair, il est le cœur de l'éternel.*

René CHAR.

#J22

L'EAU DE LA VIE

Je suis là, avec moi, dans la moindre parcelle de mon corps qui est vivant en cet instant et que je peux ressentir, juste là, juste maintenant. Je suis pleinement avec ce que je suis, avec ce que je vis. Je suis là, je le sens, je le sens vraiment. Et maintenant, installé avec douceur, dans toute la profondeur de mon être, je vis au rythme du printemps. Le printemps qui anime la nature, le printemps qui réveille la vie. Je suis dans ce printemps. J'imagine. J'imagine un glacier qui fond doucement. L'eau glisse le long des parois abruptes, contourne un rocher, se glisse entre les pierres. Une eau nouvelle qui forme joyeusement le torrent qui s'élance. Je peux ressentir cette eau pure qui pénètre en moi par le sommet de mon crâne, qui s'infiltre dans les plus petites parties de mon corps.

Est-ce que je peux ressentir cette eau claire ? Cette eau limpide, cette eau fraîche, cette eau bienfaisante qui se répand dans ma tête, dans les circonvolutions de mon cerveau, qui suit tous les sillons que forment mes connexions cérébrales. Qu'est-ce que j'éprouve, là, en cet instant ? Cette eau qui coule, qui descend, derrière mon crâne, sur mon visage.

Cette eau vivante, cette eau joyeuse, cette eau qui nettoie, qui glisse sur ma nuque, mon cou, mes épaules. Cette eau qui sautille le long de mes vertèbres comme sur des rochers, qui éclabousse sur son passage. Cette eau qui contient en elle-même sa force de propulsion, cette eau qui court, cette eau vive. La sentir qui se propage, qui ruisselle en moi, qui suit chaque méandre de mon corps, qui s'insinue dans chaque espace, qui s'infiltre dans chaque repli.

Cette eau qui gagne mon cœur, qui pénètre dans mon cœur, qui l'irrigue avec toute sa force. Peut-être une force qui guérit, peut-être une force qui apaise la brûlure émotionnelle, qui refroidit nos blessures, qui calme notre peine. Cette eau qui me traverse de la tête au pied avec toute son énergie, comme celle qui se précipite du sommet de la montagne et poursuit sa course pour se jeter dans la mer immense. Cette eau qui descend le long de mes bras, le long de mon buste, le long de mes jambes, pour retourner dans la densité de la terre.

Cette eau qui nous nettoie, nous régénère, nous débarrasse des miasmes qui obstruent parfois notre élan de vivre. Cette eau qui peut faire tomber certains barrages, certaines digues, en particulier dans nos cœurs. Cette eau claire qui nous traverse en profondeur et nous permet de ressentir la moindre de nos sensations. Cette eau qui court.

Cette eau indifférente à qui nous sommes, qui ne s'intéresse ni à notre histoire, ni à nos pensées, ni à nos émotions, ni à tout ce qui fonde, nous le croyons, notre identité. L'eau ne s'encombre pas d'informations inutiles à sa course enchantée. Cette eau qui symbolise la vie, la vie qui est là, en chacun de nous. La vie qui est la même en chacun de nous. L'essence de la vie que nous partageons tous. Malgré le ballet de nos apparences, nos apparences physiques, nos apparences de personnalité, de tempérament, nos comportements de vie.

Cette eau qui, en même temps, nettoie et nourrit. L'eau qui permet à la nature de s'exprimer, de s'épanouir, permet à tout ce que nous sommes de s'accomplir, de se développer, de grandir. Je me donne un moment pour vivre cette expérience de l'eau qui circule en moi, cette eau merveilleuse et bienfaisante qui me purifie et me ressource.

Je ressens en moi toute cette vie, la force de cette vie, son flux de tendresse. L'eau de vie. De ma vie.

❧ *La tendresse est plus forte que la dureté,*
l'eau est plus forte que le rocher,
l'amour est plus fort que la violence.

Hermann HESSE.

#J23

LA COLÈRE

Les yeux fermés nous accueillons ce qui est là, ce qui s'offre à nous, tout ce que nous pouvons observer, ressentir, éprouver de notre tumulte intérieur. Juste être attentif comme face à un écran où défilent des images qui s'enchaînent, le film de ma vie qui se déroule en moi, en cet instant.

Les émotions sont parfois bruyantes, virulentes. Elles captent toute notre attention, bousculent notre équilibre, nous font vaciller.

Ces émotions qui sont parfois si difficiles à côtoyer. Ces émotions que nous avons tendance à mettre de côté, à éloigner de nous, à ne pas regarder. Surtout ne pas s'en approcher. La colère, parfois si explosive, nous nous en méfions. Laissons-lui un peu plus de place. Et si nous pouvions l'apprivoiser ? Mieux la connaître ? Ressentons sa présence en nous. Peu importe la nature de la colère que je peux contacter, là, maintenant. Ou ses causes. Je suis peut-être en colère contre une personne particulière, contre les autres en général, qui ne m'entendent pas, ne me comprennent pas. Peut-être en colère contre une situation, un événement. Ou en colère contre moi-même. Nous sommes si souvent nos pires ennemis ! Je ne cherche pas à analyser cette colère, juste la laisser exister en moi, dégager de l'espace pour qu'elle se déploie. Ressentir toutes les sensations corporelles qui irradient : tension musculaire, pression sur le plexus solaire, accélération du rythme cardiaque, chaleur, moiteur, tremblement, brûlure… Si des images apparaissent, je les laisse passer. Je n'entre pas dans le film, dans l'histoire.

Où cette colère se place-t-elle dans mon corps ? Où est-ce que je la ressens le mieux ? Attentif à sa présence, je m'éloigne de la réactivité émotionnelle, je m'éloigne de l'agressivité. Je ressens cette colère qui monte en moi, elle existe. Elle a peut-être une couleur, une forme. Je sais que toutes les émotions ont la mission majeure de m'informer, de m'indiquer le sens de ce que je vis, comme des panneaux de signalisation routière. La colère m'indique peut-être que mes valeurs sont touchées, c'est le message essentiel de cette émotion, ou bien que je ne me sens pas compris, pas entendu. Peu importent les raisons, je ne vais pas chercher, là, maintenant, à analyser, à comprendre. J'accueille cette colère à cœur ouvert. Je ne suis pas la colère. Je ne la deviens pas. J'éprouve simplement sa présence. Je côtoie ma colère. J'évoque l'image d'un chardon. Magnifique, attirant mais piquant. Je ne suis pas le chardon. Je l'observe. Je peux laisser ma colère se poser, se déposer. Et je vois, j'élargis ma perception. À côté du chardon, il y a une plante, d'autres plantes, douces, verdoyantes, soyeuses. Une fleur jaune, blanche, rouge, des parterres de fleurs. Il existe toute une vie autour du chardon. Le chardon n'occupe pas tout le paysage. À côté de ma colère, quels espaces puis-je découvrir ? Un espace de calme, un espace de douceur, un espace de joie, de respiration ? Accueillir la colère, c'est reconnaître sa présence, abandonner la lutte stérile de vouloir que les choses soient différentes de ce qu'elles sont. En reconnaissant sa présence en moi, je peux me relier à toute sa force.

La colère est dotée d'une énergie incroyable. Une force de vie. Elle me permet de rester cohérent, centré, sur ce que je suis vraiment. Les valeurs qui m'animent, qui fondent mon existence. La colère protège mon territoire intérieur. Elle me rend lucide sur ce que je suis, sur ce que je veux vraiment, sur ce que je ne suis pas prêt à abandonner, sur ce que je ne laisserai pas abîmer, détruire. Mes valeurs, mes piliers de vie. Avec cette clarté nouvelle, cette lucidité retrouvée, cette amitié avec ma colère, je peux adopter une réponse émotionnelle ajustée, adaptée, sans être emporté par la réactivité, l'agitation qui me trouble.

Se poser avec sa colère, la déposer, nous ouvre un champ des possibles plus large, plus vaste, plus lumineux. Je peux avancer. Tout est maintenant éclairé, apaisé, dégagé.

Nous ne voyons pas les choses telles qu'elles sont,
nous les voyons telles que nous sommes.

Le Talmud.

#J24

LE LIEN, NOTRE LIBERTÉ

Fermons les yeux pour favoriser notre intériorité, pour être encore plus proche de notre expérience intérieure. Sentir du mieux que nous pouvons toutes les parties de notre corps, sans chercher à les ressentir mais simplement à ouvrir notre conscience, ouvrir nos sensations pour qu'émergent nos perceptions quelles qu'elles soient. La présence ne se décrète pas, elle se ressent. Être là pleinement avec ce qu'on est, avec ce qu'on sent, avec ce que l'on ressent. Notre respiration nous stabilise dans notre expérience.

Notre souffle nous invite à être profondément relié à ce qui est là, en nous. À nous enraciner dans l'instant présent. Notre souffle nous relie à nous-même, nous relie aux autres, à tous les autres. À toute la communauté des vivants. À l'humanité. Nous respirons tous ensemble, tous reliés. Nous pouvons sentir dans notre cœur, dans notre corps cet incroyable souffle qui nous unit et rassemble. Nous sommes à la fois dans notre propre expérience, et en contact intime avec l'expérience de chacun de ceux qui respirent, en cet instant. Une communion d'âmes. Communier, c'est vivre quelque chose avec quelqu'un. Nous vivons quelque chose tous ensemble. Nous le vivons et nous pouvons le ressentir. Ce lien qui nous fait vivre, ce lien sans lequel nous ne serions rien. À l'image de la forêt, les arbres semblent isolés, ils sont tous interconnectés par leurs racines. Dans la terre, des kilomètres de mycélium leur permettent de communiquer, d'échanger les informations indispensables à leur survie. À l'image des nénuphars, des fleurs de lotus, toutes leurs racines s'entrelacent sous la surface. Leur vie naît dans la boue qui stagne au fond d'une mare ou d'un lac. La boue vitale, nourricière. Parfois, dans nos vies, les périodes difficiles, compliquées, sombres, donnent naissance à quelque chose de nouveau, de lumineux. Tout cela est possible grâce au lien. Par le lien.

Méditer, c'est créer du lien avec soi-même, avec ceux qui nous entourent. Nos qualités de cœur s'élargissent : bienveillance, affection, gratitude, tendresse, fraternité, amour, compassion. Autant de qualités et de sentiments qui rayonnent, qui se dilatent, qui touchent. Essayons de les ressentir du mieux que nous pouvons, en nous.

Reliés les uns aux autres par notre part d'humanité, celle que nous avons tous en commun. Cette part du vivant. Parfois, nous nous sentons emprisonnés, isolés. Nous prenons conscience que ce sont nos pensées, notre mental, nos ruminations qui construisent les barreaux de la cage. Juste là, juste maintenant, nous pouvons nous envoler au rythme de notre souffle, aux battements de notre cœur, comme les ailes d'un oiseau dont le mouvement continu permet d'être stable et d'aller loin. Nous pouvons, dans ce lien qui nous unit les uns avec les autres, nous connecter avec notre liberté. Notre liberté intérieure, notre liberté d'être, notre liberté d'aimer. Cette liberté qui insuffle notre élan de vie, notre élan. Notre envol pour vivre tous ensemble. Le ciel est immense comme notre conscience, les possibilités sont infinies. Le ciel est toujours bleu au-dessus des nuages, toujours.

Nous ne sommes jamais seuls lorsque nous respirons ensemble, quand nous sommes connectés les uns aux autres.

Ce lien traverse les rues, les villes, les montagnes, les océans pour ne faire qu'un de nous tous. La respiration ouvre notre conscience à l'infini. Notre conscience universelle. Notre possibilité d'aimer.

Je ne parlerai pas, je ne penserai rien :
Mais l'amour infini me montera dans l'âme.

Arthur Rimbaud.

#J25

POSER SES BAGAGES

Juste se placer dans cet instant particulier, juste là, maintenant. Ce moment où mon corps se pose et où j'accepte de laisser mon esprit se déposer, tranquillement, en ressentant à chaque inspiration un peu plus de présence, de légèreté, à chaque expiration, un peu plus de densité.

Mon corps qui porte ma vie. Toute ma vie. Mon esprit si souvent chargé de questions, de doutes, de projections dans le futur, de ruminations du passé, de pensées inquiètes, de nostalgie, de listes d'envies… Mon cœur parfois si lourd, trop lourd, de traînées de tristesse, de morsures de peurs, de traces de mélancolie, de brûlures de culpabilité, de honte, de chagrin… Ces émotions qui tourbillonnent si vite qu'elles peuvent me faire vaciller.

Là, maintenant, ai-je des attentes ? Puis-je espérer m'apaiser, me tranquilliser, soulager toutes ces charges qui pèsent sur moi, en moi ? Je sais pourtant que la méditation m'invite à me libérer de toute attente. Peut-être en ai-je en moi, en cet instant ? C'est normal, simplement humain, normalement humain. J'ouvre mon corps à ce que je vis, sans rien trier.

Observer mes attentes. Ces attentes qui sont là comme tous les distracteurs qui éloignent mon attention, les bruits extérieurs, les pensées insistantes, les émotions virulentes, les préoccupations qui ne veulent rien lâcher. Rien. Nous aimerions tant leur fermer la porte de notre intériorité. Mais elles sont là ces attentes, nos aspirations au calme, à la douceur, à l'apaisement. Alors nous pouvons gentiment les déposer en nous. Desserrer notre étreinte. Et nous installer à côté d'elles. Nous avons si souvent en nous des émotions, des situations, des pensées, des événements, des façons de faire, des façons de vivre qui pèsent dans nos vies, dans nos cœurs, dans notre quotidien. Nous pouvons les regarder, les accueillir, leur faire de la place. Juste là, juste maintenant. Pour lâcher prise, il nous faut lâcher la prise… Déposer. Ouvrir notre corps. Dégager de l'espace. Accueillir pleinement ce qui nous assaille, puisque c'est là. Nous pouvons poser pour un instant nos bagages trop lourds, ces poids qui pèsent sur nos épaules, dans nos vies et rester là, à côté, tout près.

Nous avons souvent tendance à nous agripper à ces charges familières, ces charges de nos vies.

Lâcher prise est une intention active. Un choix conscient que seul nous offre l'instant présent.

Le souffle circule en moi. Il crée un mouvement. Un souffle apaisant, un souffle ressourçant.

Je peux lui faire profondément confiance. Il agit, s'infiltre dans chaque parcelle de mon corps pour me libérer, me régénérer. Mon souffle vital. Je n'ai pas besoin d'intervenir. Je peux simplement ressentir. C'est en acceptant les choses telles qu'elles sont, tel que nous sommes, que nous pouvons changer, que nos tensions peuvent s'apaiser.

Respirer. Relâcher. Ressentir. Encore. Et encore. Intimement relié à ma respiration qui libère les coins encombrés, sombres, tourmentés. Cette respiration qui apporte de la légèreté, de la fluidité, peut-être de la tranquillité, de la sérénité. Mon souffle comme un flux qui ouvre encore et encore l'espace dont j'ai besoin. L'espace pour sentir toutes mes forces, mes qualités, ma bonté d'âme, ma fragilité, mon humanité. Cet espace à l'intérieur de moi qui est le seul endroit où je peux être profondément libre de choisir. Je sais que certaines choses sont difficiles, que certains pans de ma vie sont douloureux, qu'il faudra surmonter certains obstacles, traverser des zones tristes mais je sais aussi qu'existe en moi cet espace lumineux, clair, ouvert. Je comprends que je peux à tout moment poser ces bagages, si lourds soient-ils, un peu plus loin en moi, les poser dans un espace plus vaste. Je ne peux pas m'en débarrasser avec ma volonté, mais je peux m'installer dans mon espace de liberté. Et peut-être alors me connecter avec toute mon énergie de vie qui me permet de traverser les épreuves avec beaucoup plus de légèreté, de fluidité, de lucidité.

Mes bagages sont posés à côté de moi, ils sont à moi, je ne les oublie pas, mais je suis délesté. Leur emprise se relâche. J'avance dans ma vie.

❧ *Quand ton esprit n'est pas encombré de choses inutiles,*
c'est la meilleure saison de ta vie.

Wumen.

#J26

OUVRIR LE CŒUR, TRÈS GRAND, TRÈS LOIN

Ressentir cette texture particulière de l'instant présent. Ressentir mon corps, toutes les sensations de mon corps. Je sens que je suis là, vraiment là.

Je ne cherche pas à ressentir la présence, je la laisse émerger telle qu'elle est, telle qu'elle est dans chacune des parties de mon corps. Je me relie le mieux possible à ce que je perçois. Mon corps ne ment jamais. Mon corps est mon plus fidèle allié pour habiter l'instant présent. Avec ma tête, je peux être très loin. Mes émotions savent m'emmener à mille lieues de cet instant. Mon corps, lui, est là. Je le sais, je le sens.

Je peux ressentir mon corps qui respire, ma respiration présente depuis toujours, pour toujours.

Ma respiration qui se diffuse dans les moindres interstices de mon corps. Ma respiration qui palpite comme les battements de mon cœur. Je peux me relier aux mouvements de mon corps, les ressentir, les approcher, les toucher. Mon cœur qui bat dans ma poitrine, mon cœur qui bat dans toutes mes cellules. Je peux voyager dans mon corps au rythme de mon cœur.

Ouvrir le cœur. Ouvrir, ouvrir, ouvrir le cœur. Que se passe-t-il dans mon corps quand j'ouvre mon cœur ? Qu'est-ce que je ressens quand j'ouvre encore, encore et encore mon cœur ? Toute ma conscience dans cette ouverture de mon cœur, de mon cœur ouvert. Comme si je devenais ce cœur, comme si je respirais par mon cœur.

Je laisse ma respiration caresser mon cœur. Juste éprouver, ressentir sans laisser mes pensées qui voudraient comprendre, analyser. Je reviens juste à ce que j'éprouve, à ce que je ressens, à ce que mon cœur exprime. Mon cœur ne me trompe jamais. Il est toujours bienveillant lorsqu'il est ouvert, radieux.

Je peux bercer mon cœur comme un objet tellement précieux, tellement important, tellement fort. Le bercer, sentir ce bercement de mon cœur. Bercer ce cœur qui me permet d'aimer, d'aimer au-delà de ce qui me fait souffrir, de ce qui peut me blesser, des événements qui peuvent me toucher. L'amour est toujours plus grand, plus vaste, plus infini. Ça n'empêche pas les difficultés, les souffrances, les malheurs de l'existence, mais notre amour peut aussi les prendre en charge. Notre amour peut les envelopper et notre amour, à son tour, peut les bercer, les consoler.

L'amour du cœur apaise nos inquiétudes, nos peurs, les adoucit. Je suis relié à cet amour, à la force de cet amour, à la puissance de cet amour qui brûle en chacun de nous.

Cet amour que nous pouvons nous accorder aussi à nous-même. Nous le méritons, nous pouvons embrasser nos fragilités, laisser s'exprimer notre besoin d'amour. Cet amour qui me nourrit.

S'accorder de l'amour, s'aimer soi-même, n'est pas un sentiment égoïste mais un sentiment nécessaire pour que notre cœur soit ouvert, pour qu'il puisse propager l'amour que nous portons aux autres. Pour que notre cœur soit libre, pour que je puisse faire confiance à la vie.

Cet amour peut résonner à des milliers de kilomètres. Cet amour peut se propager à la vitesse de la lumière. Tout près de nous, si loin de nous. Cet amour qui nous relie tous. Cet amour qui est le seul sens réel de nos existences. S'abreuver à cet amour universel, s'avancer dans nos vies le cœur à découvert. Ressentir encore et encore cet amour qui vit dans notre corps, cet amour qui palpite, cet amour qui caresse. Cet amour qui apporte toute la tendresse du monde.

Parfois un rideau de peur nous empêche d'ouvrir notre cœur, nous empêche d'accéder à cet amour absolu. Voyons comment là, juste là, juste maintenant, nous pouvons passer de l'autre côté de la peur. Là où tout est calme, là où tout est possible. Là où l'amour peut vivre et se répandre à l'infini. L'amour est infini.

Plus nous donnons de l'amour, plus il nous en reste.

La vie de chacun d'entre nous n'est pas une tentative d'aimer. Elle est l'unique essai.

Pascal QUIGNARD.

#J27

CHUT, J'ÉCOUTE

Une méditation pour entendre. Tout entendre. À l'extérieur de nous, à l'intérieur de nous. Les oreilles grandes ouvertes. Une promenade sonore. La respiration soutient mon attention. Ma présence.

J'accueille tout ce qui est là, tout ce qui vient, avec une curiosité nouvelle. Comme un oiseau qui pour planer prend appui sur l'air avec ses ailes, nous allons nous appuyer sur notre respiration pour nous stabiliser dans le moment présent. Avec les sensations de notre souffle.

J'écoute. J'écoute encore. Tant de bruits m'entourent. Et que faisons nous ? Spontanément nous les étiquetons. Nous les nommons. Tiens, quelqu'un monte l'escalier, j'entends une porte qui claque, un bourdonnement de machine à laver, un cri d'enfant, la soufflerie de la climatisation, le frottement des rideaux sur le sol, bougés par le vent, un oiseau qui pépie, une voiture qui passe, un crissement plus loin, une sirène qui hurle… Et je constate que si je ne repère pas tout de suite l'origine du bruit, mon cerveau cherche, associe, tente de comprendre, de mettre du sens… J'ai perdu l'instant présent. J'en prends conscience, je reviens. Tout est bien. Voilà maintenant que je juge ces bruits, celui-ci m'énerve, m'agace, me crispe, m'irrite, celui-là est doux, je l'aime bien, il me fait du bien… J'aime, je n'aime pas, le balancier de nos cœurs. Son tempo spontané.

Dans ce moment où je m'installe, les sons parviennent à mes oreilles. Ma conscience se pose sur mes oreilles. Je deviens mes oreilles. Mon ouïe, en cet instant, contient toute ma conscience. Je vibre à l'unisson des bruits, les plus doux, les plus subtils, les plus assourdissants, les plus inattendus, les plus lointains, les plus proches, les plus ténus… Le son pour le son. Le bruit pour le bruit. Les vibrations qu'il émet, les stridulations, les modulations, les aigus, les graves, les silences… Une symphonie de sons qui absorbent ma conscience. Sans jugements. Sans commentaires. Tous ces sons vivants que je ressens maintenant dans mon corps, dans tout mon corps.

Il ne s'agit pas de chercher les sons, des sons, mais de les laisser venir à moi. D'augmenter ma qualité de présence aux bruits qui m'entourent. De les entendre vraiment. De les écouter. Écouter les bruits, écouter le silence, écouter le rythme de la mélodie des sons.

Des sons existent aussi à l'intérieur de moi ? Chut… Que puis-je entendre ? Des pulsations, des battements, des inspirations, des expirations, des gargouillements, des sifflements, des bruissements… Mon corps bruyant quand je l'écoute. Mon corps symphonique. Mon corps choral. Tous mes organes ont leurs sons. Puis-je les entendre ?

Que me murmurent tous ces sons, ceux du dehors ceux du dedans ? Suscitent-ils en moi des émotions particulières ? De la joie, de la peur, de la colère ? Tout autre chose. Chut, j'entends, j'écoute. Chut, mon corps joue…

Je ne savais pas, je ne savais plus les bruits de mon corps. Dans ma vie, mon mental est si bruyant, il m'assourdit. Mes émotions peuvent être si bouleversantes, elles m'étourdissent.

Parfois aussi, dans nos vies, nous sommes perturbés par des bruits, par des sons. Et si nous nous entraînions à les écouter ? Les écouter vraiment. Avec toute notre conscience. Nous relier à ce qu'ils peuvent déclencher dans nos pensées, dans notre cœur, dans notre corps.

Les sons nous font voyager. Lorsque nous sommes à leur écoute, lorsque notre présence s'aiguise, notre silence intérieur s'éveille, se révèle, existe. Je peux alors ressentir la texture de ce silence, sa forme, sa densité. Le son du silence. Ce silence dont mon corps a besoin, dont mon esprit a besoin. Pour se reposer, se régénérer, pour mémoriser, pour se libérer, pour s'apaiser.

J'inspire, je ressens que j'inspire. J'expire, je ressens que j'expire. Dans chaque va-et-vient du souffle, existe une pause. Une apnée imperceptible. C'est là, juste là, dans cette pause, que je peux vraiment entrer en relation avec ce silence. Mon silence. Le silence n'est pas l'absence de quelque chose, c'est la présence de tout.

Et dans la tempête et le bruit
La clarté reparaît grandie…

Victor Hugo.

#J28

LA CASCADE ENCHANTÉE

Je me pose dans l'instant. Je déambule au pays de mon corps, comme dans une galerie d'art. Chaque œuvre est tissée de mes pensées. Sculpture de mes états d'âme, miroir de mes peines, de mes joies, de mes espoirs. Je passe d'une œuvre à l'autre, avec tendresse, intérêt, curiosité. Je passe sans m'arrêter, parce que tout passe et que nous avançons.

Instants de présence pure à ce qui est là en nous. Ouverture de la conscience.

Observer, admirer, comme si nous étions en pleine nature. Une nature riche et pleine. Une nature généreuse aux mille couleurs, aux multiples odeurs, aux mille reliefs. Au loin, murmure une cascade.

Le soleil de printemps m'effleure de ses rayons si doux et déjà chauds. La lumière joue à travers les feuillages, les branchages. Je m'approche. Je suis là. Au pied de cette cascade majestueuse, de cette chute d'eau bouillonnante qui dévale le long de la falaise, qui saute joyeusement sur les rochers en rebonds ininterrompus. Le bruit est intense, puissant, assourdissant. Je respire. J'écoute. Je contemple. Le spectacle est grandiose. L'eau crée autour d'elle une brume irisée sur laquelle se reflètent des brins de soleil. L'eau crée une symphonie de gouttes qui rebondissent à l'infini. L'eau éclabousse indifféremment, généreusement, tout ce qui l'entoure. Je respire. J'écoute. Je contemple.

Je relie ma respiration au mouvement de l'eau, à sa force, à sa puissance. Je ressens sur ma peau le mélange des gouttes d'eau fraîches et des éclats chauds du soleil. J'inspire du sommet de mon crâne jusqu'au bout de mes pieds. Une inspiration profonde, une expiration qui me traverse, qui descend en moi, qui m'irrigue. Je peux y associer la course de l'eau, de haut en bas, de la tête au pied. Une eau bienfaisante, purifiante, vivifiante. Je respire. Je ressens. Je profite de l'instant.

Je me mets en mouvement. J'avance. Le moment est venu. Nous allons traverser, passer de l'autre côté de ce rideau, de ce rideau d'eau qui tombe avec force, ce rideau bruyant.

Là. Je suis prêt. Nous allons être un peu mouillé bien sûr. Nettoyé ?

Est-ce que je peux sentir la puissance de cette chute d'eau sur ma tête, mes épaules, mon dos ? J'observe comment je suis passé de l'autre côté. Le dos courbé ? Les mains sur la tête ? Les épaules crispées ? Avais-je peur ? Je suis peut-être passé droit, aligné, confiant. Étais-je impatient, excité, joyeux de me retrouver de l'autre côté ? J'observe comment je ressens ces sensations nouvelles, je suis maintenant derrière la cascade. À l'abri. Sous la paroi de la montagne, d'un grand rocher. Sur une petite plage de pierre, de galets. Je suis là. Au sec. Derrière.

Je peux observer l'autre face de la cascade comme si elle était toutes mes pensées, mes émotions, mes inquiétudes, mes préoccupations.

Nous pouvons tout observer, nous pouvons tout entendre, tout sentir. Nous sommes derrière. Que ferions-nous si nous n'avions pas peur ? Que ferions-nous si nous pouvions passer de l'autre côté de nos peurs ? Quoi qu'il se passe en cet instant dans mes pensées, dans mes émotions, je suis dans cet espace protégé. Cet espace auquel je peux me connecter, me relier à chaque instant de ma vie quand mes émotions sont trop vives et qu'elles peuvent me submerger, quand le flot de mes pensées est trop bouillonnant, envahissant, épuisant. Quand je suis atteint, touché, blessé.

Lorsque je suis derrière mes peurs, j'ai cet espace de liberté, mon espace sacré de liberté. Je peux ressentir en moi cette sensation de ne plus être dans le tumulte. Je reste dans le flux de la vie, mais je peux me mettre en retrait, relié au va-et-vient de ma respiration, à la douceur de mon souffle. La présence de la vie en moi qui me ressource, qui me berce, qui m'apaise.

Je sais qu'à chaque instant de ma vie je peux traverser la cascade, je peux passer derrière le rideau. Il y a toujours un espace derrière, toujours un endroit où je peux me poser. Un endroit secret.

❧ *Tout ce que tu as toujours voulu est de l'autre côté de la peur.*

Georges Adair.

#J29

MON ARBRE DE VIE

Là. Maintenant. Ce que je suis. Ce que je vis. Tout est là. Juste là. Je laisse doucement agir le mouvement de ma respiration qui prend son souffle à l'extérieur et s'infiltre au creux de moi et me permet de me relier à ce moment, celui qui est là.

Au rythme de ma respiration qui s'ancre en profondeur, le bas de mon corps devient plus dense, plus lourd, plus pesant. Tout mon corps est attiré par la gravité, la force de la gravité terrestre.

À chaque respiration, je me stabilise. Je m'enfonce dans le sol. Je perçois le contraste. Le haut de mon corps reste plus fluide, plus léger, plus aérien.

Je m'enracine progressivement dans la terre, je me représente des racines sous la plante des pieds, des racines qui plongent profondément dans la croûte terrestre, très profondément. À chaque expiration, je ressens de plus en plus cette force, cette solidité, cette intensité de tout le bas de mon corps. Je suis comme un arbre majestueux. Vertical. Droit. Aligné. Ses racines puisent l'énergie de la terre, son tronc imposant dresse sa puissance vers le ciel, l'entrelacs de ses branches, le foisonnement du feuillage s'étirent vers la lumière.

Je sais que je m'échapperai parfois, que je vagabonderai, que mon esprit s'envolera. Je sais que je peux en prendre conscience et revenir. Revenir à la présence. Revenir aux sensations de mon arbre. Revenir à l'intensité de mon expérience. Je suis là. Solide. Posé. Enraciné.

Chaque expiration me stabilise, m'installe dans ma verticalité.

Chaque inspiration m'élève, ouvre de l'espace.

Chaque inspiration me permet de me déployer, de déplier tout ce que je suis, toutes mes possibilités infinies qui touchent l'immensité du ciel, comme autant de branches, de branchages, de petites feuilles naissantes, de bourgeons fragiles… Toutes mes ressources se multiplient en arborescence infinie. Je le sens dans mon corps, dans tout mon corps. La force de la sève monte du tréfonds de mes racines et propulse cette énergie qui me permet de grandir, de m'élever, de m'épanouir. Je perçois le contraste entre les sensations de pesanteur dans le bas de mon corps, comme le tronc de mon arbre, et la légèreté, l'efflorescence de tout ce feuillage, de toutes ces fleurs qui bougent doucement avec l'air et cherchent le soleil. Pour grandir encore, pour s'ouvrir encore. Le soleil qui nourrit, qui illumine, qui rayonne à travers nous.

Nous pouvons ressentir cet alignement depuis la plante de nos pieds solidement enracinés, jusqu'au plus haut de notre corps. La caresse de l'air, la douceur des rayons du soleil, les oiseaux qui vont et viennent, et qui parfois se posent sur les branches de mon arbre, comme mes pensées. Les oiseaux s'envoleront, les pensées s'éloigneront.

Nous souvenir. Nous souvenir que sous la terre, toutes les racines sont connectées, reliées, interdépendantes. Comme nous le sommes. Séparés à la surface et reliés par le fond.

Les pieds sur terre et la tête dans les étoiles. Au cœur de mon arbre, mon arbre de vie.

❧ *Être heureux, c'est avoir dépassé l'inquiétude du bonheur.*

Maurice Maeterlinck.

#J30

C'EST LA VALSE À TROIS TEMPS

Prendre conscience de notre corps. Chacune de ses parties, puis notre corps dans son ensemble. Prendre conscience de notre enveloppe corporelle, de notre volume, de notre espace intérieur. Prendre conscience de notre peau qui nous recouvre, nous protège. Notre peau, miroir de notre âme. On le sait, on l'oublie.

Je me relie à l'expérience que je vis, là, maintenant. L'expérience du moment présent. Ce moment éphémère qui s'enfuit à peine nous croyons l'attraper. Ce moment fragile qui se brise dès que je n'en prends plus soin. C'est dans mon corps que je peux, en cet instant, le vivre, le ressentir, lui faire de la place. Le dorloter. C'est dans les sensations de mon corps qu'il se donne à voir. C'est avec les battements de mon cœur que je peux le toucher. Attentif, je ressens le plus petit des mouvements de mon corps, le plus fragile de ses frémissements, le plus inattendu de ses murmures secrets.

Au rythme de mon souffle, mon enveloppe corporelle bouge doucement. Tout doucement. Une ondulation me parcourt. Mon corps entier respire, va, vit, et m'enlace, me berce, me caresse. Mon corps ondoie, m'offre de nouvelles sensations. Va mon corps, je suis là. Toujours là. Mouvement après mouvement, souffle après souffle. Mon corps vit dans l'instant présent. Juste là, juste maintenant. Tout est bien. Un espace en moi s'ouvre, s'élargit, s'amplifie. Ma respiration l'a creusé, l'a trouvé, l'a dégagé. Je peux aussi me relier à l'espace qui m'entoure. Celui qui est là. Mon espace de respiration.

Je sais, j'ai compris. Le passé, avec ses sons, ses images, ses impressions fanées, cherchera souvent, trop souvent, à s'imposer.

Je sais, j'ai compris. Le futur agitera devant mes yeux ses promesses, ses promesses de lendemain qui chantent ou de lendemains pleins de chagrin.

Le passé est passé, qui en doute ? Qui croit pouvoir le modifier, l'embellir, l'améliorer ? Le futur n'est qu'imagination, projection, prévision. Rien ne sera comme je l'anticipe. Rien.

Le passé me construit, mais ne me définit pas. Laissons-le exister, là où il est. Il ne s'agit pas de le rejeter, de l'oublier, de s'en détourner. Il est une partie de moi-même, mais à sa place, sa place de passé. Je ne le laisse pas m'envahir, m'abasourdir de ses regrets. Je connais son pouvoir de balayer l'instant, l'instant présent.

Le futur est toujours incertain, inconnu. Il peut m'inquiéter, m'absorber de ses suppositions. Et si, et si… C'est un leurre, un leurre attirant, séduisant, au pouvoir ensorcelant. Le futur ne m'appartient pas, je peux le mettre en musique, en mots, en images, il sera ce qu'il sera. Différent. Mieux, moins bien ? Qui le sait ? Je m'épuise à le faire défiler, à créer tant de scénarios, à échafauder tant d'éventualités. Oui, faire des projets appartient au tempo de ma vie, mais m'inquiéter de demain absorbe toute mon énergie. Je ne peux pas contrôler le futur, je ne peux pas décider de l'enchaînement des possibles, je ne peux pas contrôler les échéances de ma vie. Le futur deviendra à son tour l'instant présent, quand j'y serai arrivé, quand je le vivrai. Si je le vis vraiment.

Il me reste aujourd'hui. Maintenant. Le seul moment qui m'appartient vraiment. Le moment de l'instant présent.

Le moment où je suis libre de choisir, de décider, de m'engager. Dans ma vie.

Hier est derrière, demain est un mystère. Aujourd'hui est un cadeau. Cet instant est un cadeau. C'est son nom, le présent. Un présent.

Je le sens vivre en moi, respirer, s'ouvrir, m'offrir ses délices. Son énergie qui circule. Ce bien-être qui m'envahit. La vie qui me sourit. Là. Là où je vis. Maintenant. Au cœur de cet espace-temps précieux qui m'aligne, me ressource, m'apaise. Je peux nourrir cet instant présent comme on arrose une plante pour qu'elle puisse s'épanouir, s'ouvrir, fleurir. Je m'ouvre à cette énergie vitale qui jaillit, qui m'envahit. Merci. Merci vraiment. Tout est là. Je le sens. Je le vis. Merci.

Passé, avenir, je m'installe dans ce temps, dans ce temps du présent. C'est la valse à trois temps.

Je touche l'instant présent, je le prends dans mes bras, je le berce tendrement. Il est là. C'est moi.

L'avenir nous tourmente et le passé nous retient,
c'est pour ça que le présent nous échappe.

Gustave FLAUBERT.

#J31

UN TOUR
À LA FÊTE FORAINE

Je m'installe dans mon corps, je m'installe dans l'espace de mon corps, dans l'infini de ses ressentis. Il y a tant à ressentir. On peut à chaque instant être surpris d'une perception, d'une sensation, d'un endroit du corps oublié auquel nous n'avons pas l'habitude de prêter attention. Les manifestations émotionnelles peuvent être de toutes sortes : bruyantes, envahissantes, amusantes, effrayantes, elles peuvent être multicolores. Toutes les manifestations de mon corps sont sensationnelles au vrai sens du terme, elles sont comme des manèges à découvrir dans une fête foraine. Nous y sommes. Nous déambulons. Nous observons toutes les possibilités qui s'offrent à nous, ces couleurs qui nous font envie ou qui nous font peur. Nous pouvons choisir de prendre un ticket et de nous laisser embarquer dans un manège à sensations, dans un tourbillon, dans un carrousel de petits chevaux, dans une grande roue, dans les montagnes russes ou encore monter dans le train fantôme. Un peu comme si chacun de ces manèges représentait une émotion, une émotion particulière. Nous voilà à bord du train fantôme, avec toutes ses frayeurs programmées. Est-ce que nous pouvons, là, dans l'instant, dans cet instant, ressentir dans notre corps, et dans notre cœur, cette sensation de peur ou d'appréhension parce qu'on hésite à monter dans le train fantôme, parce qu'on a peur justement ? Quel endroit de mon corps s'active-t-il à cette perspective de me trouver à bord d'un de ces wagonnets qui me fera déambuler dans cette farandole de frayeurs ? Où est-ce dans mon corps ? Qu'est-ce que ça fait en moi : ça pique, ça tire, ça pince, ça brûle ? Peu importe, quoi que ce soit, je sais que c'est la peur qui se manifeste et c'est un cadeau de le savoir, de le vivre, de percevoir ce bouquet de sensations que produit mon corps, mon cœur. Tiens, et si maintenant je m'approchais des montagnes russes qui clignotent sans interruption, comme pour m'attirer… J'y vais ou pas ? Qu'est-ce que je ressens ? Une excitation de plaisir, de joie ou encore une frayeur ? Qu'est-ce que je ressens dans mon corps ? Qu'est-ce que ça fait là, maintenant, en cet instant ? Je peux aussi choisir d'aller faire un tour dans ce pays magique des poupées du monde entier, qui chantent, dansent, costumées, dans des décors féeriques. Je me laisse embarquer, les lumières brillent, scintillent, tout le monde chante. Tout est joyeux. Qu'est-ce que je ressens, en moi, dans les replis de mon corps, de cet émerveillement, de cette gaieté, de toute cette joie partagée qui vient toucher mon âme d'enfant ? Cette joie nichée au fond de moi. Est-ce que je ressens des fourmillements ? Des palpitations ? Des papillons dans mon ventre ? Que se passe-t-il là, maintenant ?

Je continue de déambuler dans la fête foraine aux mille couleurs, aux mille odeurs, aux mille tentations, sentir les odeurs de barbe à papa, de guimauve, des pommes d'amour. Ce monde coloré, bruyant, animé, qui peut m'attirer, qui me donne envie ou m'effraie un peu. Je peux choisir de me laisser entraîner par toutes ces émotions qui, bien sûr, vont s'assortir de pensées, de commentaires, de représentations, de jugements : les attractions que j'aime, celles qui me plaisent, celles qui ne me plaisent pas, celles qui me conviennent, celles qui ne me conviennent pas… Nous avons tous ces attitudes vis-à-vis de nos émotions :

il y a celles que nous trouvons agréables, confortables, dans lesquelles nous aimerions nous installer ; celles que nous fuyons parce qu'elles nous perturbent, nous déstabilisent. Nous savons qu'elles nous plongeront dans des sentiments tristes, douloureux, désagréables, mais les émotions, c'est comme les tours de manège, ça ne dure pas. Une émotion, ça émerge et ça disparaît. Une émotion, ça n'occupe que quatre-vingt-dix secondes de notre vie, le temps d'un tour de manège. Comme dans le grand huit ou les montagnes russes, les montées très rapides et les descentes fulgurantes qui s'enchaînent, ça grimpe très vite une émotion, et puis ça reflue. Mais dans notre tête, dans notre cœur, nous ne sommes pas sur *off*. Pas encore. Nous continuons à vivre l'émotion, à la ressentir, à la revisiter, parce que nous commentons l'émotion, parce que nous l'associons à une situation, à des événements, parce qu'on se raconte des histoires sur notre colère, sur notre tristesse, sur notre souffrance, sur notre peur. Et ces histoires peuvent durer très, très, longtemps. Alors que l'émotion, qui est montée si vite dans notre corps, avec sa réaction physiologique, n'a duré qu'une poignée de secondes.

C'est notre corps qui capte sa présence, c'est notre corps qui perçoit cette émotion au moment où elle se manifeste, comme peut-être nous l'avons ressentie quand nous sommes montés dans l'un ou l'autre des manèges : un pincement, des mains moites, des palpitations, la gorge serrée, un frisson, peu importe. Quand nous avons reconnu, capturé l'éprouvé émotionnel lié à notre émotion nous pouvons la ressentir dans notre corps au moment où elle émerge. Il ne s'agit pas de la chasser, de la repousser mais simplement de constater sa présence. « Tiens, te voilà, la joie. Merci d'être là ! Tiens, la peur, je te connais, je te reconnais. Tiens, bonjour tristesse, c'est toi. » Quand je connais les manifestations corporelles de mes émotions, je peux décoder la subtilité du message. Que se passe-t-il dans mon environnement pour que j'aie peur ? Quelle est la situation que je suis en train de vivre qui m'effraie ? Comprendre le message de nos émotions permet de nous ajuster et de passer de la réaction émotionnelle à la réponse émotionnelle. C'est ça qui change tout. Plus nous ressentons, plus nous sommes reliés à nos éprouvés corporels, mieux nous pouvons réguler nos émotions, mieux nous pouvons repérer les pensées qui vont y être spontanément, naturellement, associées. Et plus nous avons cette possibilité, cette liberté de choisir, de décider, comme quand je déambule au milieu des attractions de la fête foraine, je peux repérer la présence d'une émotion, en repérer l'intention, le message. Mais peut-être ne suis-je pas obligé de m'embarquer ?

Et là, dans cet instant qui est le nôtre, nous pouvons nous éloigner de la fête foraine, laisser s'estomper ses couleurs, ses bruits, ses tentations et, du mieux que nous pouvons, nous retrouver dans cet espace de sécurité, de sérénité que la méditation nous apprend petit à petit à élargir, à dégager, à ouvrir en nous. J'inspire, je ressens que j'inspire. J'expire, j'ouvre encore mon espace de sécurité pour me poser en toute tranquillité. J'inspire, je le sens, je le sens vraiment. J'expire, je m'installe encore et encore dans cet espace à l'intérieur de moi qui m'est ouvert dès que je m'y connecte, dès que je m'y relie.

C'est dans mon corps que tout se passe, c'est dans mon corps que je peux trouver cet espace. C'est dans mon corps que je peux trouver cette cohérence avec ce que je suis et me sentir vivant, pleinement vivant.

Le corps est l'atelier de l'âme
où l'esprit vient faire ses gammes.

Hildegarde de BINGEN.

#J32

AU PAYS DE MON CORPS

Se poser et partir en voyage. S'arrêter pour découvrir. Respirer pour explorer. Je suis là, juste avec moi, juste relié à la symphonie de mon corps. Symphonie de perceptions, de pensées, de sentiments, de sensations. Tout est corps.

Ma respiration est mon guide. Avec elle, je vais serpenter dans les méandres de chaque infime parcelle de mon corps, dans les anfractuosités de la plus petite cavité, dans les coulisses de chaque organe.

J'inspire, l'air s'infiltre, descend, se propage, dilate ma poitrine, mon ventre, mon cœur. Je le sens. Tout mon corps s'ouvre. J'expire, mon souffle contracte, serre, immobilise doucement, pour un instant, chaque repli de mon corps. Je me stabilise. Ouverture, fermeture. Comme les ailes d'un oiseau en plein vol, en pleine vie. Contraction, expansion. J'avance, je vis, je me pose sur mon souffle. Tout est là.

Solidement arrimé au fil de ma respiration, je m'engage délicatement dans ce voyage. Au pays de mon corps. Comme si je me promenais dans une forêt aux essences variées. Des chemins bien dessinés, des sentiers plus broussailleux. Là, une prairie verdoyante aux mille odeurs, aux fleurs scintillantes. Les insectes bourdonnent. Le soleil donne. La lumière inonde. L'image peut aussi être celle d'une maison. Avec ses portes que l'on ouvre, ses pièces que l'on découvre. Les odeurs viennent peut-être de la cuisine ou d'une salle de bains fraîche, parfumée. Certaines pièces sont encombrées, en désordre. D'autres, bien rangées, m'invitent à une attention différente, que puis-je y voir, y trouver ? Une cave plus sombre avec de l'humidité, un grenier poussiéreux, où s'entassent des objets du passé. Je déambule, tranquillement.

Dans mon corps, *terra incognita*, je suis un explorateur curieux de découvrir des choses surprenantes, inattendues, parfois inconnues.

Je commence par placer mon attention sur mes pieds. Présent à toutes les perceptions qui s'y trouvent, de la chaleur, de la fraîcheur, des picotements, des fourmillements… La sensation de mes orteils, de mes talons, des plantes de mes pieds, du dessus de mes pieds, de mes chevilles. Qu'est-ce que je ressens dans mes pieds, juste là, maintenant ?

Doucement mon attention se déplace le long de mes jambes. Je remonte lentement. Voilà mes mollets, mes genoux, mes cuisses. Je m'ouvre à l'expérience. Simplement observer. Ressentir toutes les perceptions corporelles présentes, les plus évidentes les plus habituelles, les plus infimes, étonnantes. Ou une absence de sensations, qui est une forme de sensation. Il n'y a pas de bonnes ou de mauvaises façons de ressentir. Ce que je ressens, c'est ce que je ressens. Je ne juge pas mon expérience. C'est la mienne en cet instant.

Je relâche l'attention sur mes jambes pour la diriger sur mes mains. Que se passe-t-il ? Quelles sensations ? Connues, inconnues, inhabituelles, douces, pesantes, légères, superficielles ? Le mouvement de l'air sur le dessus, de la moiteur dans les paumes ? La sensation de mes ongles, la perception de légers battements, la sensation de mes doigts, de mes articulations, de mes phalanges, de mes poignets ? J'accueille chaque sensation l'une après l'autre avec curiosité, bienveillance, tendresse. L'exploration se poursuit. Mon attention se déplace dans mes bras, en remontant doucement par mes coudes, jusqu'à mes épaules. Notre corps nous envoie en permanence des informations, nous n'y sommes pas toujours attentifs. Essayons d'aiguiser nos sens pour les ressentir du mieux possible.

Ma conscience se pose maintenant sur ma colonne vertébrale, au bas de mon dos le coccyx puis le sacrum, les lombaires, les dorsales jusqu'aux cervicales. Je peux ressentir, une à une, toutes mes vertèbres. Un flux constant d'informations circule dans ma colonne vertébrale. Je le sens ? Est-ce que je perçois ce léger chuintement, cet infime mouvement ?

Ma conscience douce se pose sur mon ventre, mon abdomen. Tout en bas, mon pubis, au-dessus, mon nombril. Je me promène autour, à gauche, à droite. Peut-être ressentir des mouvements dans mon ventre. Ou pas. Mon attention est toujours présente, c'est la torche flamboyante de ma conscience. Elle observe, elle distingue, elle accueille. Tout. Tout ce qui est là. Des émotions, des pensées, peuvent aussi apparaître. Je leur laisse de la place. Elles existent en moi, je ne les chasse pas, je ne les retiens pas. Par ici, par-là, c'est leur vie, c'est ma vie. Tout est bien.

Je poursuis mon aventure. Je grimpe en direction de mon plexus solaire. Cette zone située à la base centrale de ma cage thoracique, cette zone où se situe le diaphragme, ce muscle qui me permet de respirer. Une zone souvent sensible, nouée. J'ouvre grand ma respiration pour qu'elle se propage amplement. Les tensions s'apaisent, l'énergie peut à nouveau circuler. Tranquillement.

Me voilà en contact avec ma cage thoracique. Je commence mon exploration par les côtes flottantes, sur le devant, tout en bas. Je remonte lentement le long de ma poitrine jusqu'aux clavicules, tout en haut. Mes côtes s'écartent légèrement lors de l'inspiration, je le sens, elles se rapprochent délicatement à l'expiration, je le sens. Les battements de mon cœur pulsent, je le sens. L'air circule dans mes poumons, je le sens. J'autorise toutes les sensations présentes à exister. Je les sens, je les ressens.

Mon visage est maintenant dans la lumière de ma conscience, dans le faisceau de mon attention. Mon menton, ma mâchoire inférieure, peut-être la sensation de mes dents, peut-être la sensation de contact de mes dents entre elles, ma langue, l'intérieur de ma joue, le fond de ma gorge. Est-ce une saveur présente dans ma bouche ? Je poursuis ma balade aux mille sensations. Je pose mon attention sur mes lèvres, la sensation de contact de mes lèvres l'une contre l'autre. Puis mon nez. Mes narines ressentent-elles l'air qui entre et ressort ? Je remonte le long de mon nez jusqu'à un point situé entre mes deux yeux. Existe-t-il une sensation ? Je déambule encore. Mes sourcils, mes paupières. Peut-être la sensation de mes yeux, de mes globes oculaires peut-être que des couleurs, des formes géométriques, des images apparaissent ? Je ne m'y accroche pas, c'est là, juste là, en cet instant. Mon attention est sur mes tempes puis mes oreilles. Est-ce que des bruits me parviennent ? Je ne cherche pas à leur donner du sens. Passe, passe le son.

Je continue ma promenade vers mon crâne, l'arrière de mon crâne, le dessus, les côtés, mon front. Et mon cuir chevelu, mes cheveux ? Existe-t-il des sensations à l'intérieur de mon crâne ?

À présent j'élargis ma conscience. Je l'ouvre aux sensations de mon corps tout entier. Mon corps qui forme un tout, mon tout. Mon corps qui respire en cet instant, ici, maintenant.

Je peux savourer ce moment. Ce moment unique, ce moment précieux, mon moment présent. Mon voyage intérieur. Tout est calme. Tout est bien.

*Le plus grand voyageur n'est pas celui
qui a fait dix fois le tour du monde mais celui
qui a fait une seule fois le tour de lui-même.*

GANDHI.

#J33

LE BLEU, C'EST TOUT

À l'intérieur de moi, tout est vivant. À l'intérieur de moi, tout est mouvement. À l'intérieur de moi, tout est impermanent mais je sais que je peux me poser. Je sais que je peux trouver cet endroit de mon corps, cet endroit de mon cœur où tout est limpide. Je sais que j'ai juste besoin d'être moi. Rien d'autre, juste là, juste relié à tout ce que je suis, à tout ce que je vis, à tout ce que je ressens.

Dans cet espace de moi-même. Dans mon ciel, dans le ciel, les nuages peuvent être légers, transparents, cotonneux, plus sombres, vraiment menaçants. Je peux me poser dans ce ciel, dans cet endroit, dans cette percée de nuages. Là où tout est bleu. Si bleu. Je peux laisser les nuages se déplacer un peu plus loin de moi, qu'ils soient effrayants, menaçants, grondants, ou même attirants, amusants, propices à l'imagination. Je peux les laisser s'éloigner. Le ciel, le bleu du ciel, l'immensité du ciel, est toujours là.

Toujours. Je peux ressentir ce bleu intense, ce bleu de l'infini du ciel, ce bleu de la sérénité, ce bleu profond du calme. J'inspire dans l'infinité de ce bleu. Le bleu pénètre dans chaque cellule de mon corps, de mon cœur, de mon âme. J'expire, je plonge plus profondément encore dans cette éternité bleue.

Ce bleu qui est aussi la couleur de l'océan, de la mer, avec son infinie variété de nuances. Parfois la surface du bleu, est agitée. Les vagues sont très hautes, le courant est fort. Nous nous sentons malmenés, emportés, noyés, submergés.

À chaque expiration, je peux doucement plonger dans ce bleu, dans ce bleu de la mer. Plonger jusqu'à cet endroit où quelle que soit l'agitation à la surface de l'eau, tout est calme, tout est serein, rien ne bouge.

À chaque inspiration, je peux m'élever dans le bleu du ciel. Au-dessus des nuages, le ciel est toujours bleu. Toujours. Bleu, le ciel est bleu, je m'envole dans ce bleu sans fin.

Je peux ressentir petit à petit cet équilibre entre le ciel et la mer, entre la terre et le cosmos. Cette verticalité, cet espace où je respire instant après instant, encore et encore, dans le moment présent. L'expérience que je vis. En cet instant.

J'éprouve du mieux possible la texture de ce bleu. La densité de ce bleu. La légèreté de ce bleu. Ce bleu dans lequel je respire, juste là, juste maintenant. Ce bleu qui ouvre en moi des perspectives infinies. Ce bleu qui me procure une forme de tendresse, de douceur, de caresse. Ce bleu qui berce mon âme, qui se reflète dans toute mon âme. Ce bleu, éternité.

J'inspire, je ressens l'immensité du ciel. J'expire, je plonge dans les profondeurs de la mer. Le bleu, c'est tout.

L'âme a la couleur du regard. L'âme bleue seule porte en elle du rêve. Elle a pris son azur aux flots et à l'espace.

Guy de Maupassant.

#J34

LA BOULE À NEIGE

C'est le moment pour arriver dans notre corps, pour faire ce chemin intime qui s'éloigne du brouhaha extérieur, de tout ce que nous avons vécu l'instant d'avant ou au cours de la journée. Un chemin dégagé qui pénètre délicatement en nous, pour nous emmener vers ce moment. Ce moment que nous nous accordons pour nous poser, les yeux fermés.

Je peux continuer à être attentif aux bruits autour de moi et doucement sentir un contraste. Un contraste entre la densité que j'éprouve dans mon corps en cet instant et ces sons variés qui circulent à l'extérieur de moi. Ces sons qui parfois s'amplifient, qui se taisent ou pas, mais ce n'est pas mon histoire pour l'instant. Mon histoire est celle que je vis, celle que je vis juste là, maintenant, dans ce temple sacré de mon corps, protégé par mon enveloppe corporelle. Cette enveloppe qui constitue les parois de mon corps, des parois à la fois perméables pour me permettre d'être en lien avec l'extérieur, les autres, la vie, mais aussi des parois imperméables, lorsque je choisis de m'aventurer dans mon corps, de me réfugier à l'intérieur, là où la vie est si intense, où l'expression de ma vie intérieure est si bruyante, mes émotions si turbulentes, capricieuses, facétieuses. Il se passe tant de choses en moi à chaque instant, tout bouge, tout vit, tout respire et c'est ma vie, ma vie qui est là. Toute ma vie dans la moindre de mes cellules, dans le moindre recoin de mon cerveau, dans les replis de ma mémoire, dans le fil de mes souvenirs, dans toutes mes pensées, dans mon esprit, au plus profond de mon cœur, dans le plus petit battement d'ailes de mes émotions qui voltigent. Certaines transpercent mon paysage intérieur, me piquent, me blessent, m'irritent, me déstabilisent, me font vaciller. D'autres sont plus joyeuses, joueuses, légères, douces. C'est ma vie, avec mes pensées qui rient et mes pensées qui pleurent. C'est ma vie. Toute ma vie.

Alors je peux imaginer que tout ce mouvement, cette agitation, ce va-et-vient, toutes ces circonvolutions, ces pas en avant, en arrière sont semblables à ceux d'une boule à neige que l'on secoue. Notre vie nous remue, nos pensées nous agitent, nos émotions nous bousculent dans un sens, dans un autre, elles nous font tanguer. Comme dans ces boules à neige. Le liquide devient trouble, envahi par ces milliers de particules qui volettent dans tous les sens, comme ces parties de moi qui bougent. Dans cette boule à neige, tout s'éparpille, tourbillonne, tout est obscurci, on ne voit plus rien. Mais nous pouvons poser cette boule. Doucement, tout doucement. Les particules en mouvement vont venir se déposer sur le fond. « Tiens, certaines s'éparpillent encore… Les sentons-nous ? » Une émotion, une pensée encore en suspension vont se poser, elles vont se stabiliser, et la figurine va émerger en pleine clarté. Le liquide est redevenu transparent. La figurine est très visible, nette. Tout est limpide, tout est clair.

Pouvons-nous ressentir dans notre corps, là, maintenant cette agitation de notre vie qui se pose, qui se dépose, qui glisse peut-être le long de notre corps jusqu'à nos pieds ? Rien ne va s'échapper, tout va rester là, puisque c'est moi, puisque c'est ma vie. Mais pour un instant, je m'offre cette possibilité de ressentir cette forme de calme, de tranquillité, de paix. Ce moment où je peux me voir en pleine lucidité d'exister. Je ne suis plus caché par le brouillard de mes pensées, par la brume de mes émotions. Je suis là dans toute l'intensité de la vie qui est en moi et dans cette sérénité que je peux éprouver en cet instant. Tout est retombé, tout s'est déposé. Je peux me voir, je peux être en contact profond avec ce que je suis. Je peux être en contact intime avec qui je suis. Juste dans les ressentis de tout mon corps, de tout mon cœur, de tout mon esprit, de toute mon âme. Je suis juste là, juste maintenant.

Je peux me rencontrer, me rencontrer vraiment. Sans avoir peur. Je suis avec moi-même. Tout peut s'agiter autour de moi, je suis là. En cet instant, tout est clair, translucide. Tout est léger en moi. La paroi de la boule de neige, comme celle de mon enveloppe corporelle, crée ce cocon où je peux jaillir à moi-même, sans peur. C'est moi, tout est bien.

❧ *Regarde en toi, tu y trouveras une source prête à jaillir pour peu que tu l'y cherches.*

Marc Aurèle.

#J35

PROMENONS-NOUS DANS LES PRÉS

Prendre ce temps, notre temps. Juste le temps de s'accorder un espace de pause. Ici. Maintenant. Je protège cet instant présent si précieux, ce moment où je suis pleinement relié à moi-même, à ce qui est là, à ce qui m'entoure. Aux autres, au monde, à la vie.

Mon souffle, le rythme de ma respiration me soulève, m'allège, m'emporte au milieu d'un champ, un champ de printemps, un pré fleuri.

Je me promène, je marche. Je savoure l'air doux qui m'enveloppe, la caresse tiède des rayons de soleils, la fraîcheur de l'herbe sous mes pieds nus, le moelleux de la terre souple. Autour de moi, s'épanouit une efflorescence de fleurs multicolores. Toutes sortes de fleurs, de fleurs des prés. Leurs couleurs sont vives, leur odeur est ténue. J'avance tranquillement, sereinement, au milieu de ces herbes folles, de ces pousses tendres. Je suis attentif à ne rien écraser. J'ai les yeux grands ouverts sur ce printemps qui vient, sur cette vie qui revient. Le cœur en bandoulière. Je suis émerveillé, ému par tant de beauté simple. Je ressens en moi cette joie. Cette joie d'être là. Je suis en contact avec la nature abondante, mes yeux ne perçoivent aucune limite à ce paysage enchanté. Tout mon corps relié à la terre, mon cœur porté par la beauté.

Ancré dans mes perceptions corporelles, je peux délicatement tourner sur moi-même et observer cet infini qui s'offre. Tout est grand. Immense. À l'horizon, le ciel et la terre se rejoignent. Le ciel est limpide, l'air est léger, les fleurs exhalent un parfum subtil, le vent léger fait ondoyer les herbes. Je suis là, en cet instant, debout, dans ce champ, à humer, à ressentir, à profiter pleinement de ma présence, à vivre dans tout mon corps, cette nature majestueuse qui s'offre.

Avec une extrême douceur, je peux maintenant m'asseoir, ici ou là, à l'endroit qui est bien pour moi. Un endroit de ce pré généreux. Je peux aussi choisir de m'allonger. Le ciel comme seule perspective. Le soleil fait miroiter de mille éclats la magie colorée des fleurs, comme autant de pierres précieuses, jaunes, bleues, turquoises, rouges, roses, violettes… Des papillons volettent d'une fleur à l'autre dans les rayons de lumière. Tout brille, tout scintille. Mon cœur s'illumine. Tout respire, je respire. Des herbes me frôlent, des tiges m'effleurent, certaines me chatouillent, des fleurs me caressent. Je ressens la sensation de l'air qui se déplace sur ma peau, sur mon visage. Des cloches résonnent dans le lointain. Je les accorde aux battements de mon cœur. Je suis là, juste là avec moi-même, dans mon corps, au plus profond de mes cellules. Tout est calme, tout est bien. La nature m'accueille et m'enveloppe, je me sens en sécurité.

Je suis enlacé dans un moment de tendresse, un moment doux, un moment qui m'apaise. Les bruits sont loin, la vie est loin. Les nuages probablement recouvrent d'autres parties du globe mais là, en cet instant, tout est clair.

Nous avons toujours cette possibilité de nous relier à cet endroit en nous, où tout est calme. Cette présence profonde à nous-même, quelle que soit l'agitation qui peut exister par ailleurs dans notre corps, dans notre cœur, dans notre esprit.

Viendra le moment où je vais bouger dans cette prairie : rouler sur moi-même, si je m'étais allongé, me relever doucement, passer mes mains dans les fleurs, dans les herbes qui m'entourent, sentir leur caresse sur la paume de mes mains, respirer encore et encore, contempler l'immensité colorée, ma présence entre ciel et terre, et repartir doucement, en ressentant chaque pas dans la plante de mes pieds. Repartir pour revenir de l'endroit dont nous ne sommes jamais partis : l'intérieur de nous-même et ce que nous y vivons à chaque instant.

❧ *Les fleurs sont les papillons de la terre, un parfum tombé du ciel, le rire de la création, les baumes des hommes, qu'importe qu'elles soient éphémères, elles disent l'enchantement du monde.*

Blanche DE RICHEMOND.

#J36

LA BALADE DU SOURIRE

J'ouvre ma conscience. J'accueille ma présence. Je ressens mon corps. Tout mon corps. Mon corps stable, immobile. Mon corps qui bouge doucement, imperceptiblement, au rythme de mon souffle. Mon corps qui vit. À l'intérieur, tous les organes sont en mouvement, actifs, ils pulsent, battent, drainent, respirent, échangent. Tout est là. Tout vit. Je vis. En cet instant.

Je sais aussi que mon esprit a une tendance naturelle à vagabonder. Quand je m'en aperçois, c'est un éclat de conscience pure. J'observe ma pensée, mon émotion en vadrouille, je la relie intimement aux sensations que j'éprouve. Je suis indulgent à ces échappées buissonnières. Je m'en amuse. Je leur souris. Et je reviens calmement à mon souffle qui me recentre, me réaligne, m'apaise, me ressource.

Maintenant, doucement, tranquillement, je pose mon attention sur mon visage. Tout mon visage sous le faisceau de ma conscience, de mon attention délicate. Que se passe-t-il sur mon visage ? Est-il tendu, fermé, crispé, relâché ? Du mieux que je peux, j'accompagne mes perceptions pour lui apporter une douce détente. Ou l'approfondir. Je choisis, pour m'aider, de faire quelques mouvements légers avec ma bouche, mes joues, mes muscles faciaux. Voilà. C'est mieux. Tout est calme, reposé. Je le sens. Mon visage respire à son tour. Alors, je peux laisser un sourire apparaître, un sourire se dessiner sur mes lèvres. Mon sourire s'étire. Je ressens. Je ressens toutes les ondes qui se propagent dans mon corps, dans mon cœur. Je le sens vraiment. Encore. Chut, je suis à l'affût du moindre frémissement, de la moindre ondulation, du moindre bruissement. Attentif à l'éveil de chacune de mes perceptions corporelles. Voilà. Je peux déplacer mon sourire avec délicatesse. L'emmener en promenade. Je le pose sur mon souffle alors il bouge à l'intérieur de moi. Il caresse l'intérieur de mon corps. Qu'est-ce que je ressens ? Mon sourire se pose sur mon cœur, se relie aux battements de mon cœur. Mon sourire palpite au diapason ! Mon sourire se pose sur une tension et j'en observe l'effet. Mon sourire rencontre un espace de calme, s'y prélasse, mais à côté l'agitation gronde, mon sourire s'y dépose, adoucit les grondements. La balade de mon sourire. La force de mon sourire qui apaise, qui console, qui réchauffe. Mon sourire qui éclaire des parties plus enfouies, plus sombres. Qui apporte de la couleur, des couleurs, dans mon corps. Qui diffuse des traînées de joie. Ce sourire qui ouvre, qui dilate. Ce sourire que je partage, ce sourire qui régénère, ce sourire que j'héberge en moi. Je le sens palpiter, je m'en imprègne.

Sourire, c'est ouvrir grand son corps, son cœur, son âme. Sourire, c'est accepter notre part vacillante d'humanité et se sentir solide.

Je relie encore plus fermement mon sourire aux mouvements de mon souffle. En pleine conscience.

Lorsque j'expire, je transmets ce sourire. Lorsque j'inspire, je reçois les sourires. Le sourire du monde. Le sourire est universel, il est tangible, généreux. Je peux ressentir que tout mon corps sourit, que tous mes organes sourient, que chacune de mes cellules sourie. Le sourire est une spirale joyeuse, généreuse, vertueuse. Le sourire se nourrit du sourire. Plus je m'offre ce sourire, plus il grandit, plus je l'offre aux autres, à la vie, plus il s'épanouit, se propage, rebondit. Je ressens en moi sa puissance, son énergie, tout son pouvoir de transformation. Inspiration après expiration. Moment après moment. Juste là, juste maintenant.

Je suis attentif aux émotions qui émergent, aux pensées qui s'associent, aux mouvements de mes états d'âme. Le souffle de mon sourire les emporte.

Je me souris. Je m'accorde un sourire affectueux. Nous avons tant besoin de tendresse. Un sourire qui m'enlace, qui m'accepte tel que je suis. Ce sourire qui ne me juge pas.

J'inspire, je ressens ce sourire. J'expire, je ressens ce sourire. Ce sourire irradie d'un amour infini.

Il suffit d'un sourire pour que l'âme
entre dans le palais des rêves.

Victor Hugo.

#J37

VIENS, JE T'EMMÈNE

Je prends mon temps, ce temps nécessaire pour commencer mon voyage. Ce voyage qui m'invite à reprendre le chemin qui me conduit au cœur de moi-même. Là où tout est, là où je suis, là où je vis. Découvrir. M'étonner, comme si c'était ma première fois, la toute, toute première fois.

Que se passe-t-il à l'intérieur de moi en cet instant ? Quel est mon état d'esprit ? Mon état émotionnel ? Mon état d'âme ?

En cet instant nouveau, ce qui est là, en moi, n'y a jamais été avant, jamais tout à fait comme ça. Il est toujours surprenant de prendre conscience que ce que nous vivons à l'intérieur de nous change en permanence. Nous avons le plus souvent l'illusion de l'immobilité, du toujours pareil, du « c'est toujours comme ça, de toute façon, c'est mon tempérament, ma nature, ce n'est pas aujourd'hui que je vais changer ». C'est une illusion. Tout est impermanent. Nous pouvons changer à chaque instant de nos vies, nous pouvons choisir de changer. Nous pouvons décider de faire un pas de côté pour voir les choses différemment. Nous pouvons nous mettre au calme, dans un endroit à l'abri de notre tourbillon de pensées. La pleine conscience nous redonne la liberté. La présence tisse notre sentiment de sécurité.

Ancré sur cet espace de calme, sur cette base solide, je peux partir en voyage imaginaire, que je vais dessiner à la craie de mon cœur. Je suis sur une plage. Une plage de galets. Je m'assieds, je m'allonge. Les galets sont tout doux, de formes et de couleurs variées. Des galets qui ont vécu mille vies. Ces galets qui accueillent ma vie.

En cet instant, je peux sentir leur douce chaleur. Ces galets chauffés par le soleil, je les sens. Je perçois leurs formes, leur texture, leurs reliefs, à chaque endroit de mon corps en contact avec ces pierres sur lesquelles je repose, là, maintenant. Je peux jouer à percevoir leurs différences. Les plus petits galets qui piquent, les plus gros qui s'enfoncent dans ma chair, ceux qui soutiennent mes pieds, mes jambes, mes cuisses, ceux qui sont sous mes fesses, sous les paumes de mes mains... Je me relie aux sensations présentes dans la paume de mes mains. Toutes les sensations. Je peux doucement caresser ces galets, les faire rouler délicatement dans ma main. Je les sens. Je suis là. En pleine présence d'exister. Sur cette plage. Ils m'offrent, pour cet instant, un cocon protecteur. Ils m'accueillent, ils me soutiennent. Je sens leur force, leur solidité, peut-être leur mouvement quand certains bougent, même si je suis immobile. Avec le flux et le reflux de ma respiration, certains glissent sous ma peau.

Je peux aussi les regarder attentivement, dans toutes leurs variétés, dans toutes leurs couleurs, gris, brun, rouge, jaune. Certains sont mouillés, brillants, d'autres poreux, ou plus secs. Tout est calme. Je suis là.

Je sens des odeurs, des odeurs d'iode, de la nature environnante. Les odeurs des pierres, des pierres chaudes. Peut-être l'odeur de la terre sous les galets. Tout est bien. Je suis là.

Des embruns éclaboussent délicatement mon corps, mon visage, mes mains, mes pieds nus. L'air m'effleure, le vent chante, les mouettes poursuivent leurs courses en criant dans le ciel limpide, les rayons du soleil me caressent. Je suis là. Tout est là.

J'entends le ressac des vagues, qui meurent sur la plage, puis reprennent leur élan. Mouvement perpétuel, éternel. Bercement. Le roulement des vagues est doux, plus soutenu, déchaîné. Peu importe. Elles sont plus loin, comme mes pensées, mes émotions, dans ce moment du présent.

À chaque respiration nouvelle, je m'installe encore un peu plus profondément sur ce lit de galets, sur cette plage, dans cet endroit ressource, mes sens grands ouverts. Mes sens qui captent tout. Mes sens qui me procurent, en continu, ma sensation intime d'être vivant.

Revenir à soi, revenir en soi, avec, au creux de ma main, le galet de mon cœur.

Sur toutes les plages du monde il y a un galet que tu choisiras de ramasser parmi tous les autres, et sur tous les quais de gare du monde il y a un voyageur que tu choisiras de voir dans la foule des visages.

Yann Apperry.

#J38

ENTREZ DANS LA DANSE

Me poser pour me mettre en mouvement. Sentir ma stabilité pour bouger. Voyage dans mon corps, danse de mon corps, danse immobile. Mon souffle déjà va et vient. Flux et reflux. Il entre, suit sa course, puis remonte, ressort. Tout a bougé.

Au bout de mes pieds, de mes orteils, la vie bat. Au sommet de mon crâne, sous ma boîte crânienne, la vie palpite. Pouvons-nous la ressentir ? Là, dans cet instant. Mouvements infimes, mouvements de vie.

Je penche légèrement la tête en avant. Je sens. Je penche légèrement la tête en arrière. Je sens.

Toute mon attention se pose sur mes épaules. Tension ? Crispation ? Je les replie en avant, je les ouvre en arrière, doucement. Qu'est-ce que je perçois comme sensations corporelles qui se diffusent dans mon corps ?

Mon dos, étiré, allongé, élevé. Encore, encore. Délicatement. Comme si je dépliais mes vertèbres une à une, comme si je défroissais mon dos. L'air remonte librement le long de ma colonne. Colonne d'air. Mouvement.

Mes pieds peuvent dessiner de doux cercles. À gauche, à droite. Pieds en mouvement. Mes pieds qui supportent tout le poids de mon corps. J'en prends soin en cet instant. Le mouvement, le mouvement empli de tendresse, de gratitude, leur donne de la flexibilité, de la fluidité. L'énergie circule. Je la perçois maintenant le long de mes jambes. Comme un courant qui s'enroule, qui me caresse, qui tourbillonne délicatement.

Le temps est venu de me balancer. Tout mon buste. Selon le rythme que me donne mon corps, mon tempo intime.

Mon bassin est le pivot de toutes mes rotations, de toutes mes vagues. Je ne me donne pas de limites. Je peux aller un peu plus vite, très lentement. Je peux me baisser très bas, laisser mon corps partir loin derrière. Sur les côtés, un côté, l'autre côté. Je suis dans mon rythme, dans ma danse. Je suis relié à tous les infimes échos de ce balancement dans chaque partie de mon corps. Je ne contrôle pas avec ma tête, je ne commente pas ce que je fais. Je suis dans ma danse. Je n'essaie ni que ce soit agréable ni de bloquer ce qui est désagréable. Je suis dans ma danse.

Bien sûr, je respecte mes limites corporelles, je ne force rien, je ne bloque rien. Je laisse mon corps danser sur sa musique. Sa musique du cœur. Le bercement apaise. Tous les bébés du monde le ressentent. Nous le sentons. Nous nous installons profondément dans ce bercement. Le nôtre. En cet instant.

Les mouvements deviennent plus doux. Les mouvements se calment. Tout est tranquille. Je me sens être là, vraiment là, dans les traces sensorielles laissées par la danse. Aligné, avec ce que je suis. Toute ma conscience d'être en cet instant. Dans mon corps, dans mon cœur. Ma danse de vie.

> *Quand je danse, je danse ; quand je dors, je dors ; et même quand je me promène solitairement en un beau verger, si mes pensées se sont entretenues des occurrences étrangères quelque partie du temps, quelque autre partie, je les ramène à la promenade, au verger, à la douceur de cette solitude, et à moi.*
>
> MONTAIGNE.

#J39

ET J'ENTENDS SIFFLER LE TRAIN

Centré. Aligné. Je suis là, sur le quai. Je le sens. Le train siffle, il est là. Je l'entends.

C'est maintenant. Je grimpe les quelques marches. En pleine conscience. Mon cœur palpite. Un peu d'excitation ? Un peu d'appréhension ? Je longe le couloir. Ce sont des compartiments, en bois, comme avant. Je regarde, je choisis la place qui sera mon cocon pour ce voyage. Je me pose. Je ressens le moelleux des coussins, la douceur du velours. Les bruits du dehors sont étouffés. Des mains s'agitent sur le quai, des au revoir fusent, certains pleurent. Je suis là. Avec moi. En moi. Mon souffle stabilise mes mouvements de pensées, mes tribulations émotionnelles. Je m'installe dans mon espace. Mon espace de calme. L'espace-temps qui s'ouvre à moi.

Mes bagages sont rangés, je me suis allégé de leurs poids. C'est si lourd parfois le poids de nos vies. Si lourd. Là, dans le filet au-dessus de la banquette, ils ne pèsent plus.

Dans un instant, le train va s'ébranler. Je ressens toutes les sensations qui s'invitent dans mon corps, à la perspective de ce voyage imprévu. Amusement, surprise, inquiétude, plaisir, impatience… ? Je me relie à l'endroit de mon corps où ces émotions s'activent. Je ressens aussi la quiétude de ce compartiment aux couleurs chaudes, à la douceur confortable. Je le sens, je le sens partout en moi. Voilà. Le voyage peut commencer.

Le train quitte doucement le quai, je perçois les premiers mouvements, les vibrations, le bercement. Ce train n'est pas un train à grande vitesse. Les premiers paysages défilent tranquillement par la fenêtre. Je les contemple. Les paysages que j'aperçois sont ceux qui sont bien pour moi, en cet instant.

Des paysages de campagne, de montagne, de bord de mer, des paysages de printemps, d'hiver ou d'automne multicolore, tout est possible quand j'imagine. Je peux sentir ce contraste entre mon corps blotti dans ce compartiment et la nature, la vie au dehors qui se déploie et que je contemple. Mon corps et mon cœur grands ouverts, tous mes sens aiguisés. Ce paysage, je le traverse, je ne deviens pas le paysage, je ne suis pas dans le paysage. Je ne peux pas descendre du train. Même si je ferme les rideaux de lourde courtine, le paysage est toujours là, il n'a pas disparu, mais il n'est pas moi. Je suis en sécurité dans cet espace protégé. Des émotions bigarrées peuvent se faufiler. Une joie, une nostalgie heureuse que me rappelle un endroit aimé, un endroit où j'ai aimé, où j'ai été aimé. Une mélancolie, la tristesse d'un souvenir que m'évoque ce panorama, celui-là. Mes émotions évoluent comme le train file. Quelles que soient les pensées qui peuvent m'habiter en cet instant, le paysage est à l'extérieur, je peux en distinguer les reliefs, les cours d'eaux, les arbres, les fleurs, les nuages, le ciel, les bâtiments, les maisons, les clochers, les châteaux peut-être, les édifices, les personnes, les animaux... Le mouvement de la vie est à l'extérieur de moi. Mes états d'âme défilent derrière la fenêtre. Je ne peux rien arrêter, je laisse passer. Après cette montagne, une vallée, après la mer, la campagne, après les champs cultivés, des prés en jachère, un joli village aux maisons pittoresques puis le gris d'une banlieue, des maisons de ville, des immeubles abîmés. Tout défile et moi je suis là, installé dans cet endroit où tout est calme, paisible, serein. Que le soleil soit fort, qu'il tombe des trombes d'eau, que les nuages s'amoncellent ou que les brouillards s'épaississent, rien ne peut me toucher dans mon présent. Je suis protégé. Je me laisse emporter dans ce train, comme dans le train de ma vie où j'espère toujours avoir le contrôle et où je ne l'ai jamais vraiment. Là, en cet instant, je peux l'accepter. Le train s'engouffre dans un tunnel, j'ai peur, comme si l'obscurité pouvait m'engloutir. Déjà le bout du tunnel, la clarté reparaît. Tout est bien. Le train roule.

Je m'offre ce cadeau de profiter pleinement de ce voyage, où je ne suis pas obligé de penser, de réagir, d'interagir, de courir après mes émotions ou de tenter de les barricader. Tout se déroule à l'extérieur, je le vois, je n'y suis pas. Mes bagages sont déposés. Je suis là, simplement là, avec ma respiration qui rythme ma présence. Je suis vivant en cet instant, je le sens.

Roule ma vie, va à travers les prés, à travers les champs. Les paysages s'enchaînent, ils créent mon histoire, mes paysages intérieurs. Je peux choisir d'en être acteur, je peux décider d'en être spectateur. Va, ma vie, avec moi, je suis là. Je t'aime parce que c'est toi.

Le train ralentit, j'ai compris, je ressens la liberté, celle de ma vie. Ce voyage est terminé, j'en ai mille autres à commencer.

Tu n'admires pas comme il faudrait
ce miracle étourdissant qu'est ta vie.

André Gide.

#J40

MÉTÉO INTÉRIEURE

Nous prenons le temps. Notre temps. Le temps d'être là, posé, aligné, enroulé autour de l'axe de notre souffle. Notre souffle qui nous aligne dans le moment, ce moment présent.

Je peux sentir la densité de mon corps, sa force, mais aussi ses creux, ses passages secrets, ses reliefs mystérieux, ses fluides nombreux, ses battements infimes. En moi la vie est là, la symphonie de la moindre parcelle de mon corps joue sa partition en continu, à l'infini de ma vie. Mon souffle, le fil de ma vie, depuis le premier jour, pour toujours.

Le temps du présent. Le temps du dehors, nous avons l'habitude de nous en préoccuper. Souvent. Très souvent. La météo nous donne le tempo. Chaud, froid, humide, pluvieux… Nous nous accordons au temps qu'il fait, nous l'intégrons dans nos vies quotidiennes pour nous ajuster, nous préparer. Anticiper. La météo touche aussi nos cœurs, nos états d'âme. Le soleil brille, la joie est plus accessible, les nuages grondent, le ciel s'obscurcit, la tristesse nous frôle. Nos humeurs au gré du temps, du temps qu'il fait…

Et là, dans mon corps, au creux de moi, dans cette vie immense qui m'anime, quel temps fait-il ? Quelle est ma météo intérieure ? Une météo subtile mais décisive, celle qui guide mes émotions, mes comportements, mes pensées. Et l'inverse. Je ressens de la peine, mon cœur s'assombrit. Je vis un moment heureux, mon cœur bondit de joie. Je pense que je suis incapable, que tout est trop difficile, que je n'y arriverai jamais, tout s'obscurcit, mes émotions me plongent dans un profond abattement, une forme de désespoir qui alimentera mes idées noires.

La spirale m'entraîne en bas, en haut, le mouvement est continu. Ma météo intérieure est dépendante, totalement dépendante, de ce que je pense, de ce que j'éprouve, de ce que je ressens, de tous les scénarios que construit ma tête, de toutes les émotions qui font battre mon cœur.

Je peux observer le temps qu'il fait à l'intérieur de moi. Là. Maintenant. Je suis curieux, attentif, ouvert. Présent. Mon souffle me guide. Inspiration, expiration, et encore. Quel est l'état de mes pensées ? Est-ce que je peux les voir filer, s'éloigner, s'avancer, s'imposer, se retirer, se bousculer ? De quoi parlent-elles en cet instant ? Quelle est leur tonalité ? J'observe. Juste, j'observe. Comme si j'étais allongé dans l'herbe douce. Mes pensées comme des nuages qui vont et viennent, parfois s'amoncellent, puis se diluent, reviennent…

Et mes émotions, comment s'expriment-elles en cet instant ? Quel est leur murmure ou leur cri ? Se font-elles entendre plus fort ? Recouvrent-elles tout le reste ? Ou sont-elles plus discrètes, plus légères, plus douces ? Je saisis, avec tous mes sens, leur modulation, leur expression, leur intonation. Mes émotions bien-aimées. Je ne repousse rien. Je ne me fais pas absorber. Je prends la température de mon cœur. C'est tout. C'est beaucoup.

Quelles sensations émergent dans mon corps, là, maintenant ? Je pose tendrement mon attention sur la moindre de ces perceptions.

Accueillir et observer tout ce qui se déploie en moi, sans juger, sans trier, sans repousser, sans fusionner, sans chercher à contrôler, c'est permettre et autoriser le changement. Mon changement. Doucement. Ouvrir l'espace de mon corps, de mon cœur. Quand j'accepte les choses telles qu'elles sont, alors seulement elles peuvent se modifier.

Mes trois C s'harmonisent, s'alignent. Cœur, Corps, Cerveau.

Je sens, je saisis, je comprends, que ma météo intérieure imprègne de ses tonalités toute ma vie. La vie qui se vit, dehors. La vie qui me fait enchaîner des comportements, des actions, des décisions, des relations. La vie qui se tisse avec toutes les émotions qui sont là, qui guident mes pas, mes pensées incessantes, qui tirent les fils de la marionnette que je suis. Jouet de mes pensées et de mes émotions. Tout le temps. Quand je prends ma météo intérieure, j'en redeviens conscient. Je redeviens présent. Je retrouve ma liberté de penser, de ressentir, de choisir la vie qui me convient, celle qui me va bien. Ma vie.

Tout se joue en moi, tout se vit en moi, le temps de la présence est celui où je comprends. Tout est là, juste là. Parce que je suis moi, parce que je suis tout.

Partout où s'étend le ciel on est chez soi. En tout lieu de cette Terre, on est chez soi lorsqu'on porte tout en soi.

Etty Hillesum.

#J41

LIGNE DE VIE

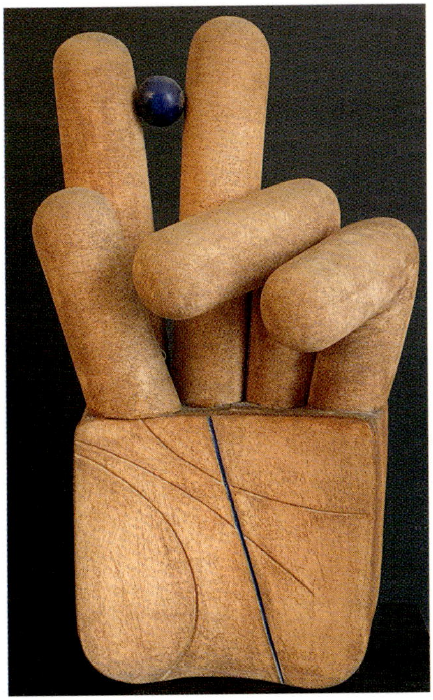

Je me pose. Je suis là. Avec moi. Je suis les vagues de mon souffle, tranquillement, calmement. Mon souffle qui me pose dans l'instant. L'instant que je vis, là, maintenant. Mon souffle qui vit, mon souffle de vie. J'inspire, j'expire. Je le sens. Je le sens vraiment.

Ma respiration comme une ligne. Une ligne tracée du haut de ma tête jusqu'au bout de mes pieds. Une ligne comme une ligne blanche sur laquelle je vais tenter, pendant le temps de cette pratique, de rester aligné. Des distracteurs peuvent me faire bouger de la ligne, m'en éloigner. Des bruits, des pensées, des souvenirs, des images, des sentiments, des associations d'idées. Toutes ces histoires que je me raconte en continu, toutes ces émotions qui frémissent en permanence, plus ou moins fortes, plus ou moins insistantes. Toujours là. Elles peuvent perturber la continuité de mon attention. Mon attention qui suit, instant après instant, la ligne gravée par mon souffle.

Cette ligne comme un fil à plomb qui plonge loin en moi et m'ancre profondément, qui ondoie doucement comme ce fil dans l'eau qui bouge légèrement au rythme des flots. Il reste stable. La ligne de mon souffle me stabilise. La ligne de mon souffle est le centre de mon attention, de toute mon attention. Je reviens à cette ligne dès que je m'en échappe. Cela arrivera souvent. Je le sais. Je reviens. Stabilité de mon souffle, alignement. Encore, et encore.

À chaque inspiration je ressens la force de cet alignement qui traverse mon corps, cet alignement qui m'emmène au plus profond de moi-même, là où tout est, où tout existe, là où je peux authentiquement, humblement, me relier, me lier à nouveau, à tout ce que je suis. À tout ce que je vis. Tout. Nous nous éloignons si souvent de nous-même. Nous adoptons des comportements, des masques, des façons d'être, de parler. Pourquoi ? Pour être aimé. Juste pour être aimé. Tous. Dans ces moments-là, nous nous échappons de nous-mêmes, nous ne sommes plus reliés, nous sommes déliés.

La ligne de mon souffle m'élève vers le ciel, me grandit, m'ouvre. La force de sa légèreté, de sa densité, de sa présence qui transcende, qui transforme.

La ligne de mon souffle. Ma ligne de vie, du plus profond de moi, au très haut de moi. Ma ligne de vie, l'axe autour duquel s'organise ma vie. Toute ma vie. Souffle de vie.

Quand je suis aligné avec mon souffle, je peux toucher mon essence, ma vérité, ma réalité. Je n'ai plus peur. Je suis qui je suis. Tout est bien. Tout est bien parce que c'est moi, parce que je suis un être humain, fragile, vulnérable. Juste un être humain comme des milliards d'autres avant moi, comme des milliards d'autres aujourd'hui. Comme moi. Des êtres qui parfois se cachent dans les brumes de l'apparence pour avancer dans leur vie, en étant écartelés, loin d'eux-mêmes. Ils se sont perdus de vue. Retrouvons pour un instant ce lien intime, ce lien secret, ce lien merveilleux avec ce que nous sommes. Ressentons-le au creux de nos cellules, respirons dans ce lien. Fusionnons avec nous-même. Intimement uni à qui nous sommes. À qui nous sommes vraiment. Nous sommes chacun des œuvres uniques, créées par la nature qui nous transcende, qui nous dépasse. Nous faisons partie de cette nature extraordinaire qui produit mille et une merveilles. Nous sommes profondément reliés les uns aux autres. Nous ne sommes rien les uns sans les autres. Nous ne pourrions pas exister, pas un instant. Nous en avons souvent l'illusion. C'est un des pièges les plus troublants de notre mental. Dans la vérité de notre humanité, nous ne sommes qu'un, divisés à la surface, reliés par le fond. Reliés. La respiration, nos respirations s'alignent à l'unisson. Le souffle de nos vies, de nos vies unies.

J'inspire, je sens que je suis. J'expire, je sens que je suis. En pleine conscience d'exister. De vivre. De respirer. D'être relié, à moi, aux autres. Ligne de vie, souffle de vie. Ma vie.

Ton chemin est celui de la ré-union,
entre toi et toi-même, entre toi et les autres.

Christophe FAURÉ.

#J42

LE JARDIN INTÉRIEUR, LE JARDIN DE MON CŒUR

Être là. Posé en soi. Et observer. Accueillir tout notre mouvement intérieur, tout ce qui passe, tout ce qui nous traverse, tout ce qui stagne. Je me donne ce temps, ce temps important. Je vis l'expérience, la mienne, là, maintenant, au rythme de mon souffle qui m'installe dans ce temps. Mon souffle ouvre, élargit mon espace intérieur. Ma respiration me permet de sentir, de ressentir cet espace.

Cet espace que nous perdons si souvent de vue, tellement nous sommes préoccupés à d'autres choses qui semblent plus urgentes. Il n'est pas urgent de méditer, c'est juste important. Important pour se relier à cet espace, à cet endroit de nous où tout brille, où existe notre vérité, où se trouvent toutes nos ressources.

Plus j'entre en intimité avec les sensations de mon souffle, avec les mouvements de ma respiration, et plus je m'offre cette possibilité précieuse d'entrer, de m'installer, de contempler, de vivre mon espace intérieur, mon jardin secret, mon jardin sacré. Parfois, ce jardin est plein de ronces parce que je l'ai oublié, je ne m'en suis pas occupé. Parfois les fleurs sont étouffées parce que j'étais ailleurs, à des activités que je croyais essentielles. Mon jardin intérieur a besoin de moi, il a besoin de toute mon attention, de toute cette attention sans cesse renouvelée. Pour le protéger, pour l'arroser, pour l'entretenir, pour le nourrir. Ce jardin produira tout ce dont j'ai besoin, tout ce dont les autres ont besoin, tout ce dont ma vie a besoin.

Je prends soin, avec tout mon amour des fleurs somptueuses, des plantes majestueuses. Je pose sur elles ma conscience.

Elles grandissent, elles fleurissent, elles s'épanouissent. Elles recouvrent les mauvaises herbes. Les mauvaises herbes sont là aussi. Je les vois. Je ne m'en occupe pas.

Je ne cherche pas à les arracher ni à m'en débarrasser, j'oriente doucement ma conscience sur ce que j'aime, sur ce qui est important, pour moi, pour ma vie. Sur mes valeurs, mes valeurs de vie. Mes valeurs que je laisse rayonner, resplendir, emplir de couleurs mon jardin intérieur.

Mon jardin est mon espace de liberté. Quand je suis dans mon jardin intérieur, ma conscience est claire, limpide, je peux voir, je peux ressentir tout ce qui est important pour moi, pour les autres, pour ma vie. Je ne suis plus étouffé sous les ronces, les mauvaises herbes, je respire, tout respire.

Je peux m'installer, m'asseoir. Me relier à toutes mes sensations. Me relier à toutes les couleurs, toutes les odeurs. Me relier au moindre murmure. Ressentir le frôlement d'une herbe, d'une fleur sur ma peau, la douceur de l'air, la fraîcheur de la terre. Je suis là, assis au cœur de mon jardin extraordinaire. Mon jardin aux mille merveilles, aux mille possibilités. Mon jardin si important à entretenir parce que c'est mon jardin, et que j'en ai besoin. Les mauvaises herbes poussent toujours plus vite que les plantes que j'aime. Arroser, entretenir ce jardin qui est le mien. Tout est là, juste là. À cet endroit de mon corps, juste maintenant. Le monde de mon esprit peut tourbillonner. Il peut exister aussi. Mais moi, je reste assis là. Aligné, centré, présent.

Mon souffle nourrit mon jardin intérieur, ma vie intérieure.

Ma conscience lui donne son énergie, jardin de ma vie.
Mon jardin insuffle son énergie à ma vie, toute ma vie.

❧ *C'est le temps que tu as perdu pour ta rose*
qui fait ta rose si importante.

Antoine DE SAINT-EXUPÉRY.

#J43

AMOUR TOUJOURS, POUR TOUJOURS

Là, juste là, enroulé autour de ma respiration. Je stabilise mon attention. Je suis là, je le sens. Je ressens mon corps, sa posture. Je suis centré sur le moment que je vis. Celui-là.

Au fil de ma respiration, j'observe. Est-ce que je peux percevoir plus nettement tout ce qui bruit à l'extérieur de moi, à l'extérieur de mon corps ? Est-ce que je peux toucher de mon souffle tout ce qui se bouscule, qui bouge, qui vit en moi ? Abrité sous mon enveloppe corporelle. Ma peau, cette barrière à la fois poreuse et souple qui délimite ces deux espaces. Au creux de moi un espace dégagé, un espace protégé, un espace privilégié. Mon endroit ressource. Celui qui est là, toujours là. Cet espace sacré où je peux me poser, m'installer, respirer. Tout est clair, limpide, serein. Tout le reste est plus loin. Je suis là.

Je ressens cet espace, mon espace. Je ressens sa légèreté, sa fluidité, son volume. Je sens que je suis protégé. En sécurité. Là tout peut exister. Si des bruits, des pensées, des sentiments, des émotions tentent de s'infiltrer, je les laisse passer, juste passer. Comme un vol d'oiseaux qui strie le ciel et déjà s'éloigne. Leurs cris s'estompent. Je suis là. Dans cet endroit de moi, où tout peut être, où tout ce que je suis peut vivre, peut respirer.

Doucement, je peux entrer en contact avec cette part de moi cachée. Ma vulnérabilité. Cette part tendre, si tendre. Celle qui m'effraie souvent. Que je tiens à distance, que je voudrais oublier. Nous n'avons pas toujours pu prendre soin de ce dont nous avions besoin, de ce dont nous avions profondément besoin. Comme le petit enfant que nous avons été et qui s'est senti parfois isolé, abandonné, pas compris, pas entendu.

Pas suffisamment aimé. Nous l'aurions tant voulu cet amour fou, inconditionnel, éternel.

C'est là notre part de vulnérabilité, notre part d'humanité, de fragilité. Notre immense besoin d'amour. Besoin d'être consolé, besoin d'être cajolé, besoin d'être bercé. Soif de tendresse. Là, maintenant, dans ce moment du présent, je suis adulte. Je peux ouvrir mes bras, mon cœur. Je peux enlacer, embrasser, consoler, caresser cette part de moi qui a eu quelquefois si peur. Je suis là. Je suis là aujourd'hui. J'ai ressenti, j'ai compris. J'ai compris combien il était important de prendre soin de tout ce qui m'a construit. Tout. Les parts de lumière, les parts d'ombre.

Et je peux sincèrement demander pardon à cette part de moi qui a souffert, qui a crié son besoin de tendresse. Je suis là. Je peux l'assurer de ma présence indéfectible, de mon amour inconditionnel.

Ressentons ce contact, ce lien intime si fort que nous pouvons éprouver, expérimenter, là, maintenant, avec notre part de vulnérabilité. Avec notre part d'enfance qu'on appelle parfois l'enfant intérieur, celui qui a tant besoin de nous aujourd'hui. Je ne te lâcherai plus la main. Plus jamais. Je t'ouvre grand les bras, mon cœur. Toujours. Pour toujours. Je suis là. Tu es là. Tu me réconcilies avec ce que je suis. Toi aussi, tu peux me protéger, me dorloter, m'aimer. Mon enfant chéri. L'amour de ma vie.

Être adulte, c'est prendre par la main l'enfant qu'on a été.

Jeanne SIAUD-FACCHIN.

#J44

MONTAGNE ÉTERNELLE

Nous relier au moment présent, ce moment qui est là, maintenant. Notre souffle comme compagnon de voyage.

Tranquillement, nous allons nous représenter une montagne, la plus belle des montagnes. Une montagne que nous connaissons, une montagne que nous imaginons. La montagne est là, présente, majestueuse. Je peux l'admirer, la contempler, la détailler. Sa forme est douce ou escarpée, avec ses pics ou ses hauts plateaux, ses pentes verdoyantes ou ses à-pics abrupts, sa végétation luxuriante ou ses étendues de pierres sèches… Je zoome sur ma montagne. Ses formes, ses couleurs, ses aspérités, ses particularités deviennent plus précises, plus vivantes, plus présentes. Sa base est large, solide, soudée à la couche terrestre. Ma montagne est massive, solide, inébranlable, magnifique de loin comme de près. Le sommet est-il recouvert de neige, en bas les prairies sont-elles parsemées d'arbres ? Ma montagne est là, je suis là, je suis avec elle. L'air est dense et léger, tout est serein, tout va bien.

Délicatement, avec une infinie douceur, nous transférons la montagne dans notre corps. Je deviens la montagne. Je le sens dans le bas de mon dos, dans ma stabilité, mon aplomb. Je partage la massivité de la montagne, sa quiétude, sa majesté. Je suis cette montagne profondément enracinée jusqu'au cœur de la terre. Assis, là. Ma tête en devient le sommet et m'offre une vue panoramique sur l'immensité du paysage environnant. Mes épaules, mes bras sont les versants de la montagne. Mes jambes, mes pieds, sa base solide. J'expérimente dans mon corps un sentiment d'élévation morale, de complétude. Depuis la base enfouie de ma colonne vertébrale jusqu'au plus haut de mon crâne, chaque respiration me lie intimement à cette montagne résistante, imperturbable, éternelle, telle une présence centrée, stabilisée, fixe.

Le ciel, la lumière, les ombres changent sans cesse dans la quiétude de la montagne. La nuit laisse la place au jour puis le jour à la nuit. La voûte céleste est constellée d'étoiles, la lune scintille. Le soleil réchauffe et resplendit. Tout est illuminé. Une ondée rafraîchit, l'orage éclate violemment. Ma montagne est simplement assise, là, expérimentant constamment les caprices du ciel. Elle reste immobile au fil des saisons et des changements de temps. En été, sa végétation est luxuriante, éclatante, tous les animaux jouent leurs symphonies, les odeurs exhalent leurs parfums entêtants. En automne, la montagne se pare d'un manteau flamboyant, de couleurs de feu. En hiver, une couverture de neige ou de glace la recouvre. En toute saison, il arrive qu'elle se soit enfouie sous les nuages, la brume, ou cinglée par une pluie glaciale. Parfois des visiteurs viennent la contempler et sont impressionnés par sa beauté ou déçus, car ce n'est pas une belle journée. Aucun de ces paramètres ne viendra perturber la montagne qui reste centrée sur elle-même, que les nuages aillent et viennent, que les touristes l'admirent ou pas. La beauté de la montagne n'est en rien altérée, qu'elle soit visible ou pas, au soleil brûlant ou sous les nuages noirs, par un froid vif ou soumise à de violentes tempêtes, frappée par la neige ou noyée sous la pluie, le jour ou la nuit. Elle est juste là. Le printemps s'éveille, les oiseaux chantent, les feuilles verdissent, les bourgeons s'ouvrent. Les rivières se gonflent de l'eau des glaciers.

La montagne est là, inébranlable face au temps, à ce qui se passe à sa surface, au monde des apparences. Je suis là, assis là, au centre de tout. Juste moi.

J'incarne cette même quiétude, cette même présence inaltérable. La nature de l'esprit, l'essence même de la vie, le monde des émotions est changeant, impermanent, fluctuant. Je suis là. Moi. Ce que je suis profondément. Nous traversons nos périodes d'ombre et de lumière, des moments difficiles, d'autres joyeux, colorés. Parfois de fortes tempêtes nous ébranlent. Notre apparence elle-même se modifie au fil du temps.

Juste là, juste maintenant, habité par la force, la puissance, la solidité de la montagne, je suis en pleine conscience d'exister. Dans la clarté, la lucidité, l'équanimité de ma vie.

❧ *Ne rien attendre : être là, vivant et attentif.*
Non l'attente, mais l'attention : c'est le cœur même
de la méditation, qui la rend si difficile et si nécessaire !

André Comte-Sponville.

#J45

LES CHEMINS DE MON CORPS

Prendre le temps, le nôtre, celui qui est là, celui qu'on a décidé de s'offrir. Notre temps. Notre temps pour suivre ces chemins sinueux qui me permettent d'arriver à l'intérieur de moi. Petit à petit, sentir les différentes parties de son corps dans le désordre, dans l'ordre, dans un autre ordre. Il n'y a pas de bonne façon de ressentir son corps, il n'y en a pas une meilleure qu'une autre. Il y a la façon dont chacun de nous le ressent. Me voilà. Je suis là. Avec moi.

Nous avons mille possibilités pour voyager au pays de son corps. Mille chemins pour découvrir ou redécouvrir des recoins cachés, oubliés, secrets. Certains nous semblent plus familiers. Les connaissons-nous vraiment ? Prudemment, approchons. Entrons en contact. Tiens ! Une sensation inconnue, inattendue ! Je ne savais pas que c'était toi ! Et là, dans ce coin, qui es-tu ? Je me promène sur les chemins de mon corps, comme sur un sentier qui serpente dans la nature. Un chemin familier, que nous avons l'habitude d'emprunter mais qui nous offre, à chaque promenade, une myriade de nouveautés, de surprises, de merveilles. Ce n'est pas la même saison, il fait plutôt froid, plutôt chaud. Le vent souffle, l'air est léger. Je ne suis pas dans le même état d'esprit. La nature n'est pas tout à fait la même. Les oiseaux que je vais entendre, les papillons qui vont croiser mon regard, les couleurs de la végétation, les promeneurs que je vais rencontrer, modifient la coloration de ma promenade, mes sensations, mes impressions. Tout est pareil, tout est différent.

Quelle opportunité extraordinaire de se balader à l'intérieur de soi, le cœur ouvert à l'inconnu, à l'émerveillement. Je peux m'aventurer dans chaque sillon de mon corps, dans chaque interstice de mon cœur. Je peux même me promener dans ma tête ! Dans les circonvolutions infinies de mon cerveau. Déambuler. M'étonner. M'émerveiller.

À l'extérieur de moi, personne ne peut se douter que je suis en train de faire ce voyage extraordinaire. Ce voyage intime, riche de découvertes. Mon voyage. Tous les chemins sont permis, tous les chemins sont possibles. Promenons-nous, ressentons, vivons pleinement cette expérience insolite, cette promenade secrète, mystérieuse. Cette promenade que moi seul peux entreprendre.

Promenons-nous où notre corps nous emmène, dans la direction que montre notre cœur. Nous sommes en sécurité sur ces chemins, nous sommes chez nous. Nous pouvons rencontrer des obstacles imprévisibles, des branchages au sol qui freinent notre avancée ou obstruent le passage. Tout va bien, nous sommes en mouvement. Nous pouvons contourner certaines difficultés, passer de l'autre côté du mur, et si nous sommes bloqués dans une impasse nous pouvons faire demi-tour et explorer un autre passage. Certains sentiers sont plus larges, plus faciles à emprunter. D'autres plus sinueux, plus broussailleux. Je suis libre de choisir les voies que j'emprunte. Je suis mon GPS intérieur, je suis mon propre guide, ma propre lanterne pour avancer, pour éclairer, traverser des zones plus sombres et me réjouir des endroits lumineux.

Mon souffle accompagne ma déambulation. Ma respiration m'indique toujours la bonne direction, celle qui me permet de ne pas m'égarer. Elle peut aussi ouvrir des voies inattendues, me faire vivre une expérience insolite dans un lieu insoupçonné.

Certains chemins traversent des plaines ensoleillées, des étendues où tout est dégagé. D'autres grimpent sur des pentes plus raides, épousent les contours d'une montagne. D'autres passent dans les sous-bois, longent les cours d'eau. Certains se faufilent dans les champs cultivés, d'autres se creusent comme les traces ensablées du désert. Tous ces chemins existent à l'intérieur de moi, comme existent en moi toutes les saisons. Il n'y en a pas un qui soit mieux que les autres. Je peux en explorer autant que je le souhaite. Tous ceux qui s'ouvrent à moi sont des expériences que je peux vivre.

Observons tous ces chemins possibles. Tous ces chemins convergent, tous se rejoignent dans cet endroit unique où se déroule ma vie. Quand je suis à cet endroit, en moi, à la croisée de tous les chemins, je suis libre. Libre de choisir celui que je vais emprunter. Tous les chemins de mon corps, de ma vie. Mon chemin. Ma vie.

Avance sur ta route car elle n'existe que par ta marche.

Saint AUGUSTIN.

#J46

MERCI À LA VIE

Posé dans la posture qui est la nôtre. Stable. Nous nous installons dans cet instant, cet instant présent. Nous accueillons tout ce qui est là, tout ce qui s'offre à nous. Des bruits, des sons, des pensées, des sentiments, des émotions, des sensations corporelles.

Conscient de notre corps, conscient de notre respiration. Conscient de ce souffle qui me porte, cette inspiration que je ressens, cette expiration que je ressens. Pleinement.

Je pose un regard neuf, curieux. Comme une naissance à soi-même, une renaissance. Comme un enfant à l'aube de la vie. Un enfant qui découvre pour la première fois, la toute, toute, première fois. Un enfant dont tous les sens s'ouvrent, en grand, en très grand. Un enfant qui pose sur le monde ses yeux éblouis par tant de possibilités, tant de beautés à sa portée. Un enfant qui grandit, qui apprend à marcher, à courir, à parler, à manipuler des objets avec ses mains, à écrire… Toutes les choses de la vie. Tout nous paraît si naturel aujourd'hui !

Je prends ce temps. Pour savourer. Pour m'émerveiller. Pour ressentir le miracle de la vie. En moi. Autour de moi. Merci. Merci la vie, merci ma vie. Merci mon corps où tout vit, qui me donne vie.

Je ressens une profonde gratitude qui monte doucement, qui enfle, qui me remplit. Mon cœur qui bat, merci. Mon cœur qui alimente tous mes organes, tous mes organes qui s'accordent pour organiser ma vie, merci. Mon sang qui circule et me nourrit, mes poumons qui font circuler l'oxygène vital, merci. Mes milliards de cellules qui génèrent ma vie, merci.

J'éprouve une gratitude absolue. Pour tout mon corps, pour tous mes sens, pour tout ce qui a permis ma vie. Même si je souffre, même si certains de mes organes sont abîmés, même si certaines de mes fonctions sont perturbées, je suis en vie, merci.

Merci pour ce cadeau. Merci pour ces présents. Merci pour ce présent.

Ma conscience s'élargit, ma reconnaissance est infinie.

Je laisse s'épanouir en moi cette gratitude immense, une gratitude qui me dépasse, me transcende.

J'en ressens la tendresse, la caresse. Les crépitements de joie, la joie d'exister. Les bruissements d'ailes, liberté. Je suis comme l'oiseau. Rien ne l'empêche, l'oiseau, d'aller plus haut. Plus grand. Plus près de moi. La gratitude fait gonfler mon cœur. Gratitude pour la vie. Toutes les vies. Toute ma vie. Gratitude envers celle ou celui que je suis aujourd'hui. Je me remercie pour ce que je suis. Je suis ce que je suis. Merci.

Conscience de vivre, conscience d'être. Merci. Merci de tout mon cœur, de toute mon âme. Gratitude éternelle.

J'ai vu un ange dans le marbre
et j'ai seulement ciselé jusqu'à l'en libérer.

MICHEL-ANGE.

#J47

L'EAU DE LA CLAIRE FONTAINE

Être juste là, en cet instant. Présent du mieux possible à tout ce que je ressens. Je suspends tout jugement, tout commentaire. J'accueille, j'accepte ce qui est là. Je pose mon attention sur ma respiration. Mon souffle existe tel qu'il est. Cette inspiration, cette expiration.

Je me relie à cette expérience étonnante de la présence, toujours unique. Je suis là, je le sens, je le sens vraiment. Je le sens dans le moindre recoin de mon corps, dans la moindre palpitation de mon cœur. Tout est là, présent, en cet instant. Je peux toucher cette présence, la toucher avec mon corps, mon cœur. Progressivement, elle devient plus dense. Elle m'enveloppe, elle s'épanouit de mille façons. Mon attention est ma complice, c'est elle qui fait tout exister en moi, ma grande ordonnatrice.

Je peux me promener à l'intérieur de moi, déambuler, je vais traverser mes pensées. Elles sont là, je les vois mais je peux avancer, je peux poursuivre mon chemin. Je peux observer leur diversité, leurs formes ; les rondes, les douces, les pointues, les tranchantes. Elles sont parfois emmêlées, comme un buisson de ronces. Je ne cherche pas à les distinguer.

Je vais frôler mes émotions, elles peuvent être de mille couleurs, de mille odeurs. Les plus sucrées, les plus aigres, les plus enivrantes, les plus envoûtantes. Je me promène dans ce jardin. Je contourne les parterres de fleurs, les parterres de pensées, les ronces emmêlées, les chardons piquants, les mauvaises herbes ébouriffées. Les arbres aux ombres menaçantes, les arbres au feuillage protecteur. Les tonnelles au parfum délicieux. Tout est là. Tout cela est en moi. Je peux musarder. Si quelque chose m'attire, si j'ai envie de cueillir cette fleur somptueuse, sentir de plus près cette plante merveilleuse, je me contente de la contempler, de l'observer. Je m'aventure de plus en plus profondément à l'intérieur de moi. Dans mon jardin secret.

Là, ici, regarde, dans cet endroit dégagé, ensoleillé, tu peux te poser. Auprès d'une fontaine. Celle qui te plaît. Entends-tu le bruit de l'eau qui sautille ? Perçois-tu le son cristallin de l'eau qui jaillit ? Ressens-tu les gouttelettes de fraîcheur sur ta peau ? Vois-tu les images qui miroitent, les formes qui se reflètent ? Tu peux te désaltérer, t'abreuver à sa source. La source de la fontaine est ta ressource.

Tout se propage dans mes sensations corporelles. Le clapotis de l'eau, le mouvement de l'eau, l'écoulement de l'eau, je le sens. Partout. Au fond de moi. Au creux de moi. Je ressens ce jardin enchanté, sa fontaine miraculeuse. C'est moi, tout est en moi.

Nous pouvons aller y puiser de la clarté, de la limpidité, de la transparence quand nos vies sont obscurcies. Ressentir sa source, se relier à sa fontaine, c'est s'ouvrir pleinement à la vie qui jaillit, en soi, à chaque instant. C'est puiser dans ses ressources infinies.

Nous avons tous une fontaine en nous. Une source de vie.

Rien de ce qui existe en ce monde n'est en dehors de toi, cherche bien en toi-même ce que tu peux être, puisque tu es tout.

Jalâl AL-DIN RÛMÎ.

#J48

L'ÉLAN DE VIVRE, MÊME SI

Simplement s'ouvrir à notre expérience avec une curiosité nouvelle. C'est maintenant, cet instant. Ce temps de notre expérience du présent.

Laisser notre conscience s'inviter à l'intérieur de nous, l'accueillir, lui dire bonjour, lui faire de la place. Se laisser porter, transporter, bercer, habiter par les vagues de notre souffle, le va-et-vient de notre respiration.

Plus nous poursuivons ce chemin à l'intérieur de nous, plus nous nous faufilons dans les interstices de notre corps, plus nous pouvons en percevoir, en ressentir, en toucher les moindres murmures, les moindres vibrations, les moindres froissements. À chaque respiration, nous entrons de plus en plus en contact, en intimité avec nous-même. Nous pouvons nous approcher, frôler, caresser ce qui est à la fois si grand, en nous, si vaste, si étendu mais aussi si petit, si fragile, si vulnérable. Une sensation d'immensité, une sensation d'infiniment petit.

Nous sommes des êtres humains avec la grandeur et la fragilité de notre humanité. Nous pouvons le ressentir, le vivre en nous, juste là, juste maintenant. Quoi qu'il se passe, qui que je sois, je suis vivant. Je peux tout accueillir, m'ouvrir à tout ce qui est, même à ce qui ne me convient pas, même à ce que je souhaiterais pouvoir changer. Je ne cherche rien à transformer, rien à modifier.

Je n'ai nulle part où aller, je n'ai rien à faire, je n'ai besoin d'être personne en particulier. Juste moi. Là. Avec tout ce que je suis.

Je n'ai rien à réussir, juste à être là, vraiment là. Vraiment, vraiment là.

Je suis mon laboratoire d'expérience, mon laboratoire du vivant. Je me plonge dans ce moment pour en capturer toutes les nuances. Pour en observer toutes les formes, les couleurs, les odeurs. Je m'autorise à vivre, à ressentir, à m'ouvrir à tout ce qui est là. Tout. Tout ce qui se déploie, moment après moment. Encore. Et encore.

J'accepte de ne pas contrôler, de ne pas savoir. Le non-savoir crée de l'espace en nous, du vide. Du vide plein de nos ressources, du vide plein de nos vies, du vide plein du mystère de la vie. Accepter. Laisser les mystères les plus profonds de la vie nous métamorphoser, nous bouleverser, nous élever.

Accueillir pleinement la vie en nous. Ressentir la force de la résilience. Ouvrir la porte au contentement. Nous sommes si souvent occupés à espérer autre chose, autrement. Se réjouir de tout ce qui existe déjà en nous, autour de nous, et ressentir. Ressentir la joie, le bonheur qui monte de nos entrailles. Vouloir encore plus, toujours plus, encore plus. Tout est là, déjà là.

Même si. Même si nous traversons un moment douloureux. Même si nous souffrons. Même si tout semble difficile. Même si le découragement nous gagne. Même si. Même si. Le miracle de la vie est là. Juste là. En nous. Dans la moindre cellule de notre corps, dans la cathédrale de notre cœur, dans le plus petit souffle de notre respiration. En cet instant, je suis vivant. Avec mes peurs, mes inquiétudes, mes manquements, la vie m'entraîne. Avec toute la force de son élan. Son élan vital. Cet élan qui m'a donné la vie. Cet élan qui soutient nos vies, les vies du monde. La vie est toujours plus forte. Dans la nature, des pousses d'herbes tendres traversent les sols rocailleux.

Nos fragilités sont nos forces, nos vulnérabilités sont nos forces. Notre humanité contient une puissance immense. Je le sens. Je le sens vraiment.

❧ *Si vous vous accrochez à la nature, à ce qu'il y a de simple en elle, de petit, à quoi presque personne ne prend garde, qui, tout à coup, devient l'infiniment grand, l'incommensurable, si vous étendez votre amour à tout ce qui est, si très humblement vous cherchez à gagner en serviteur la confiance de ce qui semble misérable, alors, tout vous deviendra plus facile, vous semblera plus harmonieux et, pour ainsi dire, plus conciliant.*

Rainer Maria RILKE.

#J49

LES QUATRE ÉLÉMENTS

Je me pose dans le moment présent. Dans l'instant qui est là, maintenant. J'ouvre ma conscience à tout ce qui est présent. Les yeux fermés, j'entends les bruits extérieurs. Mon attention se tourne vers les sensations de mon corps, sur mon état intérieur, celui que créent mes pensées, mes émotions, mes perceptions. Mon monde intérieur si riche, si vivant. Je suis curieux de tout ce que j'observe. Je laisse le mouvement de mon souffle élargir l'espace. Tout peut être là.

Voilà. Je sens l'eau qui vient. L'élément eau. Je laisse de la place en moi pour l'accueillir. Toutes les formes de l'eau. Avec toutes les images, les pensées, les sentiments, les sensations qui l'accompagnent. L'eau infinie de la mer, de l'océan, l'eau douce du lac, l'eau vive de la rivière, l'eau vaporeuse des nuages, l'eau compacte et froide de la neige, l'eau translucide et fragile de la rosée, l'eau solide du glaçon… La puissance de l'eau. L'eau qui s'écoule, qui s'infiltre, creuse, contourne les obstacles, emporte. L'eau si fluide, si forte. L'eau source de vie, de toute vie. L'eau nourrit, alimente, assouvit, nettoie, purifie. L'eau est mouvement. Elle n'est jamais stagnante. Elle se transforme, s'évapore et revient, renouvelée. Toujours différente, toujours la même. Nous sommes eau, notre corps est eau. L'eau nous constitue. Richesse, tendresse de l'eau.

Voici l'air. La caresse de l'air. L'énergie de l'air. La légèreté de l'air, sa transparence, sa puissance, son intensité, sa douceur. J'inspire l'air, j'expire l'air. L'air est souffle, notre souffle, le souffle de la vie. L'air où nous vivons, l'air qui nous fait vivre.

La densité de l'air nous soutient. Sa résistance nous porte. Comme les oiseaux qui s'appuient sur ses courants puissants. L'air est mouvement. Mouvement perpétuel. Sans air, aucune vie possible. L'air que je respire, l'air qui nous inspire. Là, juste là, maintenant.

Place au feu qui illumine, aux flammes qui dansent, à la chaleur qui se répand, aux couleurs qui tournoient. Le feu qui brûle, qui transforme, réchauffe. Auprès de mon âtre, je me suis blottie. À la chaleur de ses flammes, mon âme revit. Le feu aussi intense que nos émotions. Nos émotions qui bouillonnent, qui virevoltent, tourbillonnent. Nos émotions qui parfois nous consument, impriment en nous des brûlures. Je peux m'éloigner du feu. Juste le contempler. Sentir sa chaleur sans me brûler. Sentir ses flammes sans me laisser embraser. Aimer sa danse endiablée. Accepter la présence de mes émotions. Accepter d'être proche d'elles. Je les regarde se mouvoir. Elles se transforment, elles bougent, elles sautent, comme les flammes, d'une émotion à une autre. Mes émotions crépitent. Je suis là. Un peu plus loin. Tout est bien.

Viens la terre, viens. Tu me soutiens. Tu me portes. Tu me donnes ma verticalité, ma dignité, mon humanité. *Humus.* Je suis relié, enraciné. Là, en cet instant. Tu m'offres la stabilité. Je suis connecté à mon sentiment de sécurité, à mon enracinement au creux du monde. Je ressens, je te sens, la terre, la Terre Mère, la Terre nourricière. Cette minuscule parcelle de terre où je vis, l'immensité de la Terre, où tout vit.

Les quatre éléments se combinent, se tissent, s'équilibrent. Chacun son énergie. Tous en harmonie. Mon lien à l'un ou l'autre va, vient. Selon ce que je vis, selon mes besoins.

La symphonie des quatre éléments de nos vies. De la vie.

Ce qui est impossible à comprendre
est tellement simple à vivre.

Christian Bobin.

#J50

BULLE, Ô MA BULLE

Revenir à soi. Fermer les yeux. Placer notre corps. Ajuster notre posture. Être curieux de nous, de la façon dont nous abordons ce moment.

Il est toujours passionnant d'observer chaque endroit de son corps tel qu'il est. Là. Juste là. Notre corps qui à chaque instant de notre vie se transforme, à l'intérieur, à l'extérieur. Impermanence du vivant.

Explorons, ressentons, amusons-nous à découvrir. Émerveillons-nous de la magie de ce corps qui vit souvent à bas bruit et que parfois nous ne ressentons vraiment que lorsqu'il nous fait souffrir. Tout vit dans mon corps, tout le temps, tout est là, tout le temps. Nos émotions, nos pensées vivent, se déploient, s'expriment dans notre corps, par nos corps. Tout est corps. Ainsi est la vie, *corpus mundi*.

Solidement relié à mon corps, je vole, je m'envole. Toute ma conscience lovée dans une bulle, une bulle de savon. Une bulle transparente, irisée. Je m'élève doucement, je le sens. Je perçois la légèreté de l'air qui m'entraîne plus haut, encore plus haut. Je suis protégé dans ma bulle. Tout est doux. La lumière se reflète sur les parois de ma bulle. Tout brille. Au cœur de ma bulle, je peux voir, tout voir, je surplombe le monde. Je me love dans ma bulle, contre ses parois élastiques, si fines, si solides. Tout est doux. Les bruits sont amortis, lointains, étouffés. Tout est doux.

Une bulle de conscience qui me contient. Au gré des courants, l'air qui me porte, m'enveloppe, me soutient. Je n'ai rien à faire, rien à décider. Juste ressentir. Tout est doux.

Le tohu-bohu de la vie n'atteint pas ma bulle. L'agitation, les incertitudes, les peurs, les questions, les doutes, les va-et-vient, tout est loin. Tout semble minuscule, dérisoire. La vie, toute la vie poursuit sa course, sa course folle. Je suis dans le calme de ma bulle, dans sa tendresse. Là, en cet instant, je ne suis pas en prise avec le brouhaha du monde, ses attentes, ses obligations, ses exigences. Dans ma bulle, ma conscience est légère, fluide, tranquille. Tout est clair, tout est immense, tout est possible. Notre conscience voyage à son gré, sans crainte. Elle ne risque rien, nous sommes là, avec tout notre corps, avec toute notre âme.

Ressentons cette déambulation dans les airs, au-dessus du monde, au-dessus de tout. Ma bulle se meut au gré des courants, plutôt chauds, plutôt frais, plutôt agités, plutôt tranquilles, plutôt forts. Nous traversons des zones plus sombres, puis la lumière rejaillit. Nous croisons la nuit, puis revient le jour. Ma bulle tourne autour de la Terre. Tout est bien. Ma conscience dans sa bulle peut tout vivre, tout ressentir, tout voir, sans être affecté par des pensées, des émotions, des agitations, celles qui appartiennent au monde d'en bas.

En cet instant, dans mon expérience de conscience, tout est léger. En cet instant, ma conscience est libre, libre comme l'air. En cet instant, je ressens tout ce que ce voyage m'offre de sensations, tout ce que je peux vivre, tout ce que je peux ressentir. Je suis dans ma bulle, je suis dans ma conscience.

Délicatement, tranquillement, comme si un petit fil retenait ma bulle dans les airs, je la fais redescendre. Doucement, tout doucement. Ma bulle de conscience se dilue dans mon corps, dans mon cœur, dans toutes mes sensations corporelles. Elle continue à diffuser sa sérénité, sa légèreté, sa clarté.

Je respire dans cette conscience nouvelle. Mon souffle élargit toute ma conscience. Je garde précieusement en moi ma bulle de conscience, ma bulle de liberté. Je pourrai encore voyager, je pourrai encore m'élever, ressentir la vie dans ma bulle si pure. Conscience pure.

Écoute ce bruit que l'on entend lorsque rien ne se fait entendre… Plus rien. Ce rien est immense aux oreilles.

Paul Valéry.

#J51

L'AMOUR AU CREUX DE MOI

Prendre conscience de ma posture, stable, équilibrée. Toute mon attention sur ma respiration. Sur les mouvements de mon souffle. Son rythme. Ma respiration en cet instant. Dans ce moment présent.

Le flux de ma respiration me relie doucement à mon espace intérieur. Cet espace en moi, pour moi, toujours là. Cet espace profondément vivant. Mon espace ressource, ouvert, dégagé, libre. Je me pose au milieu de cet espace, au centre de moi-même. Là où tout est calme. Tout est bien.

Je place le faisceau de ma conscience, de mon attention, sur toutes les perceptions corporelles qui se trouvent, là, en cet instant, dans mes pieds. Peu importe la nature, l'intensité, de ces sensations. Elles sont ce qu'elles sont. Je les sens. C'est tout. Je ressens mes pieds posés au sol. Mes pieds au contact de la terre. Même si la terre est loin en dessous du lieu où je me trouve, perché dans mon appartement, ma maison.

Est-ce que je peux entrer en contact avec la force de cette terre qui me porte ? Qui me porte dans toute mon humanité, dans toute mon intimité, celle à laquelle je suis très profondément soudée ? Avec des racines sous la plante de mes pieds qui s'enfoncent très profondément dans le sol. Je suis porté par cette terre, je m'y sens en sécurité. Solide. Elle me rend libre de m'élever.

Au rythme tranquille de ma respiration, je remonte le long de mes jambes, vers mon bassin. Lui aussi me soutient. Puis je gravis doucement, doucement, en intimité avec mon souffle, toute ma colonne vertébrale, vertèbre après vertèbre. Mon souffle me guide jusqu'au sommet du crâne. Du fond de la terre, jusqu'au ciel, de la force de la terre à la puissance du ciel. Relié. Aligné. Comme une colonne d'air qui pulse de la tête au pied, du crâne aux orteils. Mouvement continu, mouvement de la vie. Tout autour, l'air nous enveloppe, nous porte, nous caresse. Devant, derrière, au-dessus, sur les côtés. Enveloppe de l'air, enveloppe de vie. L'air comme du coton, doux, protecteur, me contient. Cocon de l'air, cocon de ma vie. Soutenu par la solidité de la terre, relié à la puissance du ciel, protégé par la douceur de l'air. Là, lové moi-même dans mon corps, dans mon cœur, je ressens la tendresse de cette paix intérieure. Cette paix intérieure qui irradie et me réconcilie avec mon profond besoin de sécurité affective. Sentiment de sécurité interne, fondateur de mon identité. Je te protège, je t'écoute, je t'aime, je te berce, je te caresse. Je prends soin de toi. Tout mon corps est là pour te protéger. Tu es fragile et fort à la fois, tu es mon enfant intérieur, tu es tout l'amour que j'éprouve, tu es lié à tous ceux que j'aime, qui m'aiment, tu es mon tout intérieur, mon amour intérieur, le cœur de ma vie. Je te donne toute ma tendresse. Toute mon attention. Toute ma douceur. Au creux de moi, je te protège de l'agitation du monde, du bruit du monde, de l'acidité du monde. Là, je suis là. Tu palpites en moi, tendre, fragile, vivant. Je te donne tout mon amour. Tout. Tu diffuses tout ton amour. Nous sommes un. Unis pour la vie, toute ma vie.

Je ressens si fort dans mon corps cette sécurité intérieure, la mienne. Son intensité, sa vulnérabilité. Son amour, le mien. Celui qui se déploie en moi, qui traverse toutes les couches de moi-même, pour se diffuser. Mon amour, pour toi. Toi qui es les autres. Tous les autres.

J'inspire, j'expire. Je suis centré, aligné, stable. L'amour me centre. L'amour au centre. Au centre de moi, au centre du monde. Pour le monde.

Le sage doit rechercher le point de départ de tout désordre. Où ? Tout commence par le manque d'amour.

LAO TSEU.

#J52

ÉTATS DE LUNE

Je laisse de la place en moi pour accueillir ce qui est là. Tout ce qui est là, puisque c'est là. En cet instant, cet instant où je me pose. Ce moment présent.

Ma conscience se concentre sur mon souffle. Mon attention a un pouvoir magique. Lorsqu'elle est focalisée, tout le reste disparaît. Pas longtemps bien sûr, une poignée de secondes Un moment suspendu. Un moment où je suis en pure présence, en pure conscience. Un moment inattendu, précieux, un moment où je me ressource.

Ma respiration est ce fil de conscience. Ce fil qui tisse mon expérience de l'instant présent. Respiration après respiration, je ressens, plus loin, plus profond. Inspiration après expiration, je suis en contact avec mon tout, le tout de mon corps. Les zones cachées reviennent dans la présence. Les endroits obscurs se révèlent. Mon souffle s'infiltre dans tous les recoins de mon corps. Unification, réunification. Mon souffle réanime ma vie, toute ma vie.

Le souffle me ramène à moi. Encore et encore. Une pensée m'éloigne, je respire. Une émotion m'agite, je respire. Une idée m'entraîne vers demain, je respire. Un souvenir me fait repartir en arrière, je respire. Je m'aligne, là, avec tout ce que je vis, avec tout ce que je suis.

Ma respiration toujours présente, avec moi, même sans moi. Sans ma conscience, à l'image de la lune. La lune existe toujours entière, mais nous n'en voyons qu'une face. Un croissant, une lune ronde, c'est toute la lune. Nous sommes obscurité et lumière mais nous sommes tout. Nous sommes le tout de nous-même. Des nuages cachent la lune, elle est là. La pluie, trouble son éclat, elle est là. Le jour laisse le ciel au soleil, elle est là. Tout est là. Je suis là. Je suis un tout, je suis tout puisque je suis. Un tout en mouvement, comme les cycles de la lune.

Tout est mouvement, la vie est mouvement. Tout change, tout le temps. J'observe ce mouvement en moi, je le ressens, alors je rends possible le changement.

Accueillir ce qui est là, moment après moment. Se relier à la vie qui existe en nous, autour de nous. Toute la vie. Ressentir de la gratitude, de la bienveillance. J'ouvre mon cœur, j'ouvre grand mon cœur, mon cœur s'éclaire, tout est présent. Tout est neuf.

Je peux m'émerveiller de tout ce que je vis, de tout ce que je suis. Je peux tout redécouvrir de moi. Tout est neuf, en cet instant. Celui-là. Maintenant. Dans le faisceau de ma conscience.

Regarde chaque jour le monde comme si c'était la première fois.

Éric-Emmanuel Schmidt.

#J53

LA RIVIÈRE DES SONGES

Je suis mon souffle. Doucement. Je ne change rien. Je me fonds dans son rythme. Au rythme de ma conscience. Au rythme du moment. Du moment présent.

Je suis mon souffle, comme si je suivais le cours d'une rivière. J'arrive en moi, dans cet endroit connu de moi seul. Cet endroit où je peux me poser. M'installer. Cet endroit qui m'offre ce cadeau rare d'entrer en relation intime, tendre, chaleureuse avec ce que je suis. Avec tout ce qui existe, qui se déroule en moi. En cet instant. Toujours différent.

Quand je ressens la présence, je me sens vivre. Je suis vivant.

J'accompagne le cours de mon souffle, avec toute ma conscience, mon souffle qui devient rivière. Une rivière que je connais, une rivière imaginaire. Une rivière calme, tranquille. L'eau est claire, limpide. Des reflets dansent à la surface de l'eau.

Je m'assois sur une rive, au bord de l'eau. Je la sens frémir à mes pieds. Je sens les clapotis, les gargouillis, la vie de l'eau. Sur cette même rive, je vois. Je vois un arbre, un grand arbre, un bel arbre, avec des branches au feuillage majestueux, protecteur. Les feuilles bougent, un peu, avec la caresse de l'air. Je m'approche. Je m'assieds. Je m'adosse contre l'écorce douce, chaude de l'arbre. Je ressens la force du tronc, toute sa verticalité, sa solidité. Je suis bien. Tout est bien. Je contemple le paysage autour de moi. La rivière scintille. Je peux entendre le doux bruit de l'eau qui coule, qui passe. Lentement.

Qu'est-ce que je ressens en cet instant ? Qu'est-ce que j'éprouve ? J'inspire, j'expire. J'ancre ma présence. Immanquablement des distracteurs de mon attention s'invitent dans le champ de ma conscience. Des pensées, des émotions qui tentent de m'éloigner du moment. C'est normal. C'est ma vie.

Une feuille se détache d'une branche et tournoie dans les airs, se pose. Je la ramasse. Je sens sa texture soyeuse. Je note sur elle la pensée qui m'a traversée, quelle qu'elle soit. Juste cette pensée. Puis, je dépose délicatement cette feuille sur l'eau. Elle est là près de moi, immobile, puis doucement elle est emportée par le courant léger. Elle s'écarte, s'éloigne. Je la suis du regard et tranquillement, elle disparaît. Elle suit le cours de l'eau. Le mouvement qui l'emmène vers la mer. Une autre feuille tombe, se pose sur mes jambes. Je la saisis, j'y écris une émotion. Celle qui est là. En moi. Je l'offre à la rivière. J'observe comment l'eau l'accueille, ce contact entier, doux, bienveillant. La feuille disparaît progressivement de ma vue. Elle n'est plus qu'un point frétillant, loin sur la rivière. Je lui souris. Elle s'est éloignée de ma vie. Pour cet instant.

Une autre feuille, une autre pensée, une autre feuille, une autre émotion. Encore et encore. Je les confie à la rivière.

Je m'autorise à lâcher, à abandonner, à laisser partir avec ce courant d'eau, ce courant de vie, ce qui me pèse, ce qui m'encombre, ce que je retiens. Et qui souvent me fait souffrir. Tellement souffrir. Feuille après feuille, j'ouvre mon corps, mon cœur, à cette possibilité immense de laisser s'écouler ce qui obscurcit mon espace intérieur. Ma vie.

Je sais que cette rivière, la rivière des songes, est toujours accessible, disponible. Pour m'accompagner, m'apaiser, m'alléger. Instant après instant. Feuille après feuille. Inspiration après expiration.

Je suis là, assis là, appuyé contre le tronc de cet arbre solide. Je suis solide. Tout est bien.

❧ *La souffrance disparaît quand on cède, même à la tristesse.*

Antoine DE SAINT-EXUPÉRY.

#J54

OUVREZ, OUVREZ LA CAGE DE MA LIBERTÉ

Nous pouvons juste nous accueillir en cet instant, ressentir notre corps, les sensations qu'il nous procure. Notre corps qui abrite aussi nos pensées, nos émotions. Tout cela existe en moi. C'est là. C'est moi.

En cet instant présent, je ne fais pas le tri, je ne recherche rien de particulier, je ne juge pas. Je suis juste attentif, observateur, bienveillant. Ce qui existe, existe. C'est tout.

Je pose mon attention sur ma respiration, sur son mouvement. Je laisse mon corps respirer naturellement.

Je me laisse porter par ma respiration. Je me laisse bercer. Toute ma conscience focalisée sur les sensations de ma respiration. Expiration, inspiration, sensations. Et encore, et encore. Tel que je suis là, tel que je vis en cet instant. Ce moment où tout est là.

La respiration circule dans mon corps et crée de l'espace, de la place. Le flux de ma respiration agit comme un baume apaisant. Je sens sa caresse, sa tendresse.

La respiration ouvre mon espace intérieur, élargit chaque endroit de mon corps, dilate chacune de mes cellules. Est-ce que je peux sentir, là, maintenant, la légèreté que ma respiration me procure ? Est-ce que je peux le sentir vraiment ?

La respiration, chaque respiration, me libère. La respiration ouvre les portes de ma cage. Ma prison intérieure. Mes pensées, mes croyances, mes peurs en sont les barreaux. Ma respiration est la clef de ma liberté. Hors de ma prison, tout est grand. Tout est vaste. Tout peut exister. Aucune pensée ne me crispe, aucune émotion ne m'immobilise. Tout est là, infini, tout est bien.

En inspirant, j'ouvre ma cage thoracique, alors je peux toucher ma liberté intérieure, je peux ressentir ma liberté de vivre, ma liberté d'être. Avec la respiration, ma cage est grande ouverte.

Et à chaque expiration, je ressens de plus en plus ma liberté, mon souffle de liberté, l'immensité de ma liberté intérieure. Je peux tout choisir, tout être, quand je suis dans le présent. Quand je suis relié à mon expérience de l'instant, je suis libre. C'est le seul endroit, c'est le seul moment où je suis libre. L'instant d'avant est figé, l'instant d'après m'emmènera ailleurs, l'instant présent me rend ma liberté.

Mon souffle imprime ce sentiment de liberté, ce goût de liberté, ce vent de liberté, au creux de mon corps, dans les replis de mon cœur. Je pourrai, à chaque instant de ma vie, réanimer cette empreinte.

Souffle de vie, souffle d'amour, souffle de liberté.

❧ *Entre le stimulus et la réponse, il y a un espace et c'est dans cet espace que réside la liberté.*

Viktor Frankl.

#J55

FIN DU JOUR, PROMESSE D'UN LENDEMAIN

Juste être présent à l'instant, ce moment qui est là, tellement précieux. Conscience de notre corps, de notre corps qui respire. Présence incarnée.

Le flux de mon souffle me centre, me pose et crée de l'espace en moi. J'inspire, je ressens que j'inspire. J'expire, je ressens que j'expire.

Viens, je t'emmène. Je t'emmène au bord de la mer. Sur une plage dorée, celle qui te plaît. Une plage de sable chaud, de sable blanc. Viens, installe-toi, là. Ressens la douceur du sable, la finesse de ses grains chauffés par le soleil. Tu sens le sable qui se creuse doucement au-dessous de toi, le sable qui te fait une place, le sable qui te crée un cocon protecteur ? Tu le sens ?

La mer n'est pas loin. Je l'entends. Les vagues lèchent le sable, s'approchent, s'éloignent. L'une, l'autre, encore une, encore une autre. Toujours nouvelles. Comme chacune de mes inspirations, de mes expirations.

Je suis assis face à l'immensité. La ligne d'horizon s'étire à l'infini. Le soleil flamboie, descend doucement, tout doucement. Tout est calme, tout est là. Je vis pleinement ce moment.

La surface de l'eau miroite. Les reflets dorés du soleil couchant illuminent la mer. Le ciel se teinte de couleurs incandescentes, orange, rouges, roses. Dans quelques instants, le soleil se glissera vers une autre partie du monde. Nous pouvons laisser descendre le soleil au rythme qui nous va, au rythme de nos cœurs, au rythme de notre souffle.

Le soleil est couché, le crépuscule est là, il fait encore jour. Et je contemple. Simplement attentif à ce que j'éprouve, à ce que je ressens en moi. Cette immensité, cette éternité.

La mer est encore bariolée de reflets, de couleurs. Le soleil vient de disparaître. De là où nous sommes, il semble que quelque chose se soit petit à petit éteint. C'est la fin, la fin du jour, la fin d'un moment. Nous pouvons déposer avec le coucher du soleil ce qui nous pèse, ce qui nous préoccupe, nous encombre. Nous pouvons doucement laisser s'éteindre tout ce qui nous fait mal. Lâcher. Faire de l'espace. Tout est cycle, tout est mouvement.

Dans un instant, de l'autre côté, si près, ne voyons-nous pas le soleil se lever ? Sa lumière, sa promesse de renouveau ? Ne voyons-nous pas le ciel prendre de nouvelles teintes ? Les mêmes peut-être, et pourtant si différentes ?

Le cycle du soleil, le cycle de la vie. Après chaque fin, un commencement. L'aube et le crépuscule. La nuit et le jour. L'obscurité et la lumière.

Même si le ciel est encombré de nuages, le soleil se lèvera, le soleil sera là. Même si parfois, nous nous sentons épuisés, même si nous n'avons pas accès à nos ressources, elles sont là. Nous pouvons nous y plonger, nous y relier. Nos ressources brillent, scintillent. Elles sont disponibles, toujours, tout le temps, à chaque moment.

Comme notre souffle qui va et vient sans que nous ayons besoin de nous en préoccuper, d'y penser. Comme notre cœur qui palpite sans que nous lui donnions la moindre instruction.

Comme toute la vie qui s'exprime en nous, instant après instant. Tout le temps.

Viens, c'est bientôt demain. Profite de maintenant. Le jour 55, la méditation 55, le chiffre 55. Est-ce la fin ? Ou l'annonce du lendemain ? Chaque moment est le début. Viens.

❧ *Si tu t'engages dans le voyage, tu arriveras.*

IBN ARABI.

VOUS ÉTIEZ LÀ

Il paraît parfois fade de dire merci, alors que c'est le plus beau mot de notre langue, le plus plein, le plus riche, le plus émouvant. Dire merci, c'est faire rayonner la vie. Dire merci, c'est créer un lien avec l'autre. Dire merci, c'est reconnaître que nous ne sommes rien, les uns sans les autres. Vraiment rien. Dire merci va au-delà de la formule de politesse, c'est dire à l'autre combien sa présence modifie le cours de nos vies. Très profondément quelquefois. Dire merci est très engageant.

Alors merci. Mille mercis. Vous étiez là ! Vous êtes là. C'est votre présence qui crée le moment. C'est par votre présence que nos méditations du soir ont été si fortes, si intenses et qu'elles conservent toute leur force. C'est parce que vous êtes là, que toutes ces méditations existent. C'est ce lien que nous avons créé qui est à l'origine de ces moments enchantés. Vous nous l'avez écrit, vous nous avez écrit tant de mercis que nous en avons pleuré.

Dans vos mercis, vous exprimiez combien ces moments de méditation vous ont touchés, transformés, aidés. Combien ils ont pu vous permettre de traverser les turbulences de vos vies et de trouver un coin de ciel dégagé pour pouvoir, enfin, respirer. Ou, plus simplement, vous apporter un apaisement, une paix, une sérénité, dont vous ne pensiez pas pouvoir vous approcher. Ou encore, et cela nous procure un tel bonheur, vous avez compris que nous avons tous des ressources, d'incroyables ressources tapies au fond de nous et qu'il appartient à chacun de creuser le chemin qui nous relie à ce trésor précieux. Nos ressources, nos ressources de vie. Oui, oui, elles sont là, toujours là. Je respire, je me pose, je le sens, tout est bien.

L'intérieur de nous-même est empli de mille merveilles, nous les cherchons souvent à l'extérieur. Avec ces 55 méditations, nous avons voyagé, ensemble, à l'intérieur. Et nous sommes allés, loin. Très loin. Merci pour ce voyage extraordinaire, hors de l'ordinaire de nos vies. Merci.

ET MAINTENANT…

C'est fini ? Tout commence. Le chemin est ouvert. Ces méditations, cette expérience, ne marquent pas la fin. Mais un commencement. Un éternel commencement. C'est ça aussi la méditation ! Pas de début, pas de fin, une expérience de vie qui se renouvelle à l'infini. On n'a jamais fini de méditer, jamais. Ce qui est vraiment extraordinaire avec la méditation c'est que chaque pratique est une expérience nouvelle ! Totalement nouvelle ! Tout ce que l'on s'attend à vivre ne sera pas là ! Tout ce qu'on voudrait retrouver comme sensation agréable se dérobera. Tout ce qu'on aimerait éviter comme expérience désagréable, se présentera… ou pas !

La méditation, parfois, est plus facile en groupe, en stage, en voyage. Les autres permettent de s'ajuster… à soi. Seul, c'est doux aussi. Ou piquant. Tout dépend ! Tout est possible tout est permis. C'est prodigieux.

DES MERCIS, ENCORE DES MERCIS

J'ai très envie de commencer par Virginie, Virginie Jarrand-Martin. C'est une fidèle en amitié. Et c'est grâce à elle que j'ai pu travailler sur les textes bruts des méditations du soir pendant qu'elle a précieusement enregistrées et retranscrites. Merci @virginiebaker. Merci.

Et puis, c'est à vous, que vont mes brassées de mercis. Vous qui étiez là, derrière l'écran, pour certains chaque jour. Pendant 55 jours ! Incroyable ! Votre présence nous a portés, nous avons tant partagé. Avec Alain, à 18 h 30, nous étions heureux de vous retrouver. Ce livre, c'est grâce à vous, c'est votre livre. Mille mercis pour votre confiance, votre fidélité, votre présence.

Bon, évidemment, il serait saugrenu de ne pas parler d'Alain ! Mon mari chéri, mon partenaire de vie, mon complice bien-aimé. C'est ensemble que nous avons tricoté toutes ces soirées de méditation, c'est ensemble que nous avons transformé ces moments de *live*, en livre d'images et de mots. Pour poursuivre le chemin.

Et puis, et puis, merci, bien sûr merci, à toi Odile, qui m'accueille depuis plus de vingt ans dans cette magnifique maison d'édition qui porte ton nom, Odile Jacob.

Merci Caroline Rolland, mon éditrice avec qui j'ai eu un vrai plaisir à travailler pour mettre en forme ces textes,

Merci, Marie de Oliveira qui va le faire voyager vers ses lecteurs,

Merci, Viviane Munoz, qui nous donnera la possibilité d'aller dans les salons, dans les festivals, chez les libraires pour vous rencontrer. En vrai.

Merci à la vie, qui est toujours plus forte, nous avons traversé un Printemps troublé. Nous pouvons, je l'espère, en ressortir grandis. Plus forts. Plus engagés pour nos vies.

Jeanne.

L'instant, un instant particulier, un instant d'éternité.

Vous étiez quelques centaines, puis des milliers à ces rendez-vous quotidiens. Une méditation, puis une autre. Une respiration, suivie d'une autre respiration. Nous avons respiré tous ensemble malgré le confinement, et grâce à lui, une nouvelle proximité s'est engagée. Un temps pour soi, un temps pour tous.

Nous avons beaucoup évoqué le lien dans nos méditations. Ce lien nécessaire à la vie, ce lien qui libère un espace d'humanité dans lequel nos qualités de bienveillance, de gratitude, d'écoute, d'affection, d'amour peuvent exister et se déployer.

Vos nombreux témoignages m'ont surpris, ému et nourri. Jeanne et moi étions chaque jour heureux de partager avec vous nos pratiques méditatives et un peu de notre complicité. Chaque instant était unique, précieux, entier. Le parfum spacieux de chaque instant est encore présent et ses effluves toujours portés par l'air qui nous entoure.

Voici venir le temps des remerciements, de cette gratitude tellement riche à exercer.

Merci à tous ceux que j'ai le plaisir de connaître, sans exceptions.

Merci à vous qui lisez ces lignes.

Merci à Jeanne pour cette toute, toute, première fois !

Merci à mes enfants et petits-enfants, de cet amour inconditionnel qu'ils m'ont appris à ressentir et à leur porter.

Merci à la vie, à toute sa diversité, que j'essaie du mieux possible d'accompagner en pleine présence.

Alain.

Pour nous retrouver, poursuivre nos échanges, avancer ensemble :
www.meditez.com
www.jeannesiaudfacchin.com

et bien sûr www.cogitoz.com, où vous retrouverez
nos stages, nos formations, nos articles.

Nous écrire :
unprintempspoursoi@meditez.com

CRÉDITS PHOTOS

p. 24 : Pixabay
p. 30 : Pixabay
p. 36 : Shutterstock
p. 42 : Natalia Bachkova/Shutterstock
p. 46 : Jeanne Siaud-Facchin
p. 52 : Pixabay
p. 56 : Pixabay
p. 62 : Matthieu Perrier/Unsplash
p. 68 : Shutterstock
p. 72 : Pixabay
p. 76 : Shutterstock
p. 82 : Jeanne Siaud-Facchin
p. 86 : Jeanne Siaud-Facchin
p. 92 : Shutterstock
p. 96 : Mike Lewinski/Unsplash
p. 100 : Pixabay
p. 104 : Shutterstock
p. 108 : Shutterstock
p. 112 : Pixabay
p. 116 : Jeanne Siaud-Facchin
p. 122 : Shutterstock
p. 126 : Jeanne Siaud-Facchin
p. 130 : Pixabay
p. 134 : Jim Bendon/Flickr
p 138 : Luiz Philipe/Pixabay
p. 142 : Pixabay
p. 146 : Jeanne Siaud-Facchin
p. 150 : Jiri Rotrekl/Pixabay
p. 154 : Pixabay
p. 158 : Shutterstock
p. 162 : Pixabay
p. 168 : Pixabay
p. 174 : Steve Johnson/Unsplash
p. 178 : Jeanne Siaud-Facchin
p. 182 : Pixabay
p. 186 : Y. Taillandier (détail)/Jeanne Siaud-Facchin
p. 190 : Michael Haderer/Pixabay
p. 194 : Pixabay
p. 198 : Shutterstock
p. 202 : Jeanne Siaud-Facchin
p. 206 : Jeanne Siaud-Facchin
p. 210 : Elena Shkerdina/Shutterstock
p. 214 : Gustav Klimt, *Les Trois âges de le femme* (détail) © Collection Dagli Orti/Aurimages
p. 218 : Jeanne Siaud-Facchin
p. 222 : Pixabay
p. 226 : Pixabay
p. 230 : Pixabay
p. 234 : Stephen Walker/Unsplash
p. 238 : Shutterstock
p. 242 : Pixabay
p. 246 : Pixabay
p. 250 : Pixabay
p. 254 : @Réjane Lacoste
p. 258 : Pixabay
p. 262 : Pixabay

TABLE

DU MÊME AUTEUR
CHEZ ODILE JACOB

S'il te plaît, aide-moi à vivre. Pour une nouvelle psychologie, 2018.

Mais qu'est-ce qui l'empêche de réussir ?, 2015.

Tout est là, juste là. Méditation de pleine conscience pour les enfants et les ados aussi, 2014.

Comment la méditation a changé ma vie… et pourrait bien changer la vôtre !, 2012.

L'Enfant surdoué. L'aider à grandir, l'aider à réussir, nouvelle édition, 2012.

Trop intelligent pour être heureux ? L'adulte surdoué, 2008.

L'Enfant en difficulté scolaire, 2006.

Cet ouvrage a été composé
en Adobe Garamond Pro
par Nord Compo
à Villeneuve-d'Ascq (Nord).

Aubin
IMPRIMEUR

N° d'édition : 7381-5313-X – N° d'impression : 2007.0187
Dépôt légal : septembre 2020

Imprimé en France